本专著得到中国政法大学科研创新项目资助（24KYQN020）、得到"中央高校基本科研业务费专项资金"资助（supported by "the Fundamental Research Funds for the Central Universities"）、并得到中央高校基本科研业务费专项资金资助（24CXTD09）。

营商环境

与外企经营关系研究

张婷婷 ◎ 著

光明日报出版社

图书在版编目（CIP）数据

营商环境与外企经营关系研究 / 张婷婷著. -- 北京：光明日报出版社，2024.6. -- ISBN 978-7-5194-8044-8

Ⅰ.F279.244.3

中国国家版本馆 CIP 数据核字第 2024GF4767 号

营商环境与外企经营关系研究
YING SHANG HUANJING YU WAI QI JINGYING GUANXI YANJIU

著　　者：张婷婷	
责任编辑：谢　香	责任校对：孙　展
封面设计：中联华文	责任印制：曹　净

出版发行：光明日报出版社

地　　址：北京市西城区永安路 106 号，100050

电　　话：010-63169890（咨询），010-63131930（邮购）

传　　真：010-63131930

网　　址：http://book.gmw.cn

E - mail：gmrbcbs@gmw.cn

法律顾问：北京市兰台律师事务所龚柳方律师

印　　刷：三河市华东印刷有限公司

装　　订：三河市华东印刷有限公司

本书如有破损、缺页、装订错误，请与本社联系调换，电话：010-63131930

开　　本：170mm×240mm	
字　　数：176 千字	印　　张：13.5
版　　次：2024 年 6 月第 1 版	印　　次：2024 年 6 月第 1 次印刷
书　　号：ISBN 978-7-5194-8044-8	
定　　价：68.00 元	

版权所有　　翻印必究

序　言

　　外资企业的直接投资不仅为当地带来了宝贵的资本、先进的技术、丰富的管理经验及就业机会，更在促进当地产业升级、提升国际竞争力等方面发挥了重要作用。同时，外资企业的直接投资也极大地推动了当地财政税收的稳步增长。正因如此，各国政府，特别是发展中国家，一直在积极探索吸引外资的策略，并竞相出台种种措施，以期赢得更多的外商直接投资。根据国际货币基金组织的权威报告显示，影响外资企业投资中国市场的关键要素在于本地市场的营商环境。这其中涵盖了经济结构、改革开放程度、优惠政策以及文化与法律系统等多个方面。这些要素共同构成了中国吸引外资的独特优势。意识到外商直接投资对本国经济发展的巨大推动作用，发展中国家政府愈发关注促进吸引外商直接投资的举措，不仅加快了本国营商环境的改善，还推出了一系列具体的政策措施和改革举措，旨在为潜在投资者提供更加稳定和透明的投资环境。

　　自1978年实施市场经济体制改革以来，中国的经济、政治、社会发展经历了深刻的转变。随着改革开放政策的逐步深化和全球化的推进，中国逐渐从最初的自力更生发展原则转为更加重视比较优势和开放合作的政策导向。这一转变不仅推动了中国经济的快速发展，也吸引了大量外商直接投资。经过四十余年的努力，外商直接投资流入量已从最初仅占国内生产总值不到0.1%增长到近5%，为中国的经济增长、技术引进和产业升级注入了强大的动力。然而，值得注意的是，外商直接投资在中国各区域的分布并不均衡。近90%的外商直接投资集中在中国相对繁荣的沿海地区，而内陆和中西部地区对外资企业投资的吸引力则相对较弱，仅占外商在中国直接投资总额的10%左右。导致这种分布不均衡的原因除地理位置优劣的差异以外，区域之间营商环境的差异也是不可忽视的一个因素。

为了促进区域经济的协调发展，各级政府采取积极必要的措施，介入营商环境的改善便显得非常必要。通过直接介入和间接介入，各级政府能够打破外商直接投资的路径依赖性和集聚效应，防止某些区域越来越难以吸引到外商投资。一方面，各级政府积极出台各类吸引外商直接投资的配套优惠政策，旨在通过行政手段直接快速地推动非沿海区域营商环境的改善。这些政策不仅针对当地特色和优势产业，而且与区域经济发展战略紧密结合，为投资者提供了更加明确的投资方向。例如，"西部大开发"政策通过一系列具体措施，显著优化了中西部多省份的营商环境，提高了如四川省和重庆直辖市等西部地区对外资的吸引力。另一方面，各级政府通过完善法律法规制度和参与市场业务等间接方式，进一步改善当地经济体制的配套系统，提升当地市场的开放性和透明度，包括推动本地金融系统的市场化改革、加强知识产权保护、提高行政效率等，为外资企业提供更加稳定、公平的投资环境。在这一过程中，政府扮演着"帮助的手"的角色，即在必要时协助市场机制克服市场失灵的弊端，协助市场机制这只"无形的手"发挥作用。政府通过完善法律体制和制度，降低对市场的过度干预，确保市场机制在资源配置中发挥决定性作用。然而，政府的介入应仅限于创造更有吸引力的投资营商环境，避免对企业的经营造成不必要的行政干预。通过上述努力，政府旨在打破恶性循环，防止非沿海地区的人力和财务资本流失，推动这些区域的经济发展达到新的高度，最终依靠市场的力量吸引更多的资金和人才。

在市场经济制度不断完善的过程中，社会制度在中国扮演了重要角色，有效弥补了相对不完备的法律体系。中国社会基于人际关系（如亲缘、血缘、地缘）确立起来的非正式制度框架，不仅成为市场经济运作的重要协调机制，在促进市场活动、资源配置等方面更是发挥了积极作用。这种社会制度框架不仅帮助企业克服在寻求市场机遇和资源时遇到的困难，还为缺少法律保障的区域提供了保证合同安全的替代措施。外资企业是否被当地公众所接受，是反映当地投资吸引力的重要指标。这种接受度不仅反映了当地公众对外资企业的认知和态度，更直接影响到外资企业在当地市场的运营和长期发展。新制度理论视角将社会制度维度引入影响区域市场经济机制确立的分析中，认为社会制度维度同样是区域营商环境的构成要素，对外资企业的直接投资决策具有不可忽视的影响。以广东和福建等沿海省份为例，这些地区的居民与华人社群有着紧密的联系。这种联系不仅促进了文化和信息的交流，更在经济层面产生了深远影响。相当数量的华人在海外创造财富，并通过各种渠道投资于沿海省份，成为推动当地经济发展的重要力量。由于这些地区与海外企业的联系紧密，当地公众对外资企业的了解相对较多，对外资企业的接受程度也较高。因此，这些区域的社会交换活动具有较高的互惠性和开放性，对外资企业持有更为积极的态度，从而吸引更多的外资流入。

为持续不断地吸引外商直接投资，并减少内地省份经济发展与沿海地区之间的差距，中国各级政府需要探究哪些营商环境要素是影响外资企业决定以不同的所有权形式在当地开展经营的先决条件，影响外资企业不同战略目标的实现。与此同时，不同区域市场所蕴含的机遇和挑战也是外资企业关注的焦点。不同省份在资源禀赋、地理位置等方面拥有独特优势，要求外资企业具备不同的能力。例如，较强的竞争能力和制度风险管理能力有助于外资企业在不同的区域环境中发掘机遇，降低风险。探索上述问题不仅有助于地方政府优化本地营商环境，为外资企业提供更加优质的投资机会，还能为中央政府协调区域发展的不均衡、推动整体营商环境的优化提供重要的启示。通过深入研究和探索，中国各级政府和企业可以共同推动区域经济的协调发展，实现多方共赢。

目 录
CONTENTS

第一章　营商环境概述 …………………………………………… 1

第二章　研究回顾与评述 ………………………………………… 9
　第一节　外资企业进入模式选择前因的理论回顾 …………… 9
　第二节　外资企业子公司绩效影响因素理论回顾 …………… 22
　第三节　外资企业子公司后续投资调整决策影响因素理论回顾 … 29
　第四节　传统理论研究的评述 ………………………………… 34

第三章　理论基础 ……………………………………………… 37
　第一节　制度理论的发展 ……………………………………… 37
　第二节　东道国层面营商环境与外资企业经营 ……………… 41
　第三节　区域层面营商环境构成 ……………………………… 46
　第四节　企业行为理论 ………………………………………… 52
　第五节　研究目的与研究框架 ………………………………… 60

第四章　研究方法 ……………………………………………… 63
　第一节　数据来源 ……………………………………………… 63

1

第二节　变量测量 …………………………………………… 72

第五章　区域营商环境与外资企业的进入模式选择 ……………… 79
　　第一节　假设提出 …………………………………………… 81
　　第二节　研究方法 …………………………………………… 87
　　第三节　结论与讨论 ………………………………………… 108

第六章　区域制度发展水平与外资企业子公司绩效 ……………… 111
　　第一节　假设提出 …………………………………………… 112
　　第二节　研究方法 …………………………………………… 120
　　第三节　结论与讨论 ………………………………………… 135

第七章　区域制度发展、绩效反馈与外资企业子公司后续投资调整 … 138
　　第一节　假设提出 …………………………………………… 139
　　第二节　研究方法 …………………………………………… 147
　　第三节　结论与讨论 ………………………………………… 160

第八章　结论与启示 ………………………………………………… 164
　　第一节　研究结论的理论启示 ……………………………… 168
　　第二节　研究结论的实践启示 ……………………………… 170
　　第三节　研究结论的局限与拓展 …………………………… 172

跋 ……………………………………………………………………… 175
参考文献 ……………………………………………………………… 177

第一章

营商环境概述

2013年11月,习近平总书记在党的十八届三中全会上正式提出了"营商环境"这一概念。当前,全球经济发展停滞已经成为许多国家面临的共同挑战,对发展中国家的竞争力构成了尤为严峻的挑战。在这样的背景下,发展中国家越来越重视优化本国的营商环境,并通过一系列积极的政策措施来改善营商环境,降低投资风险和壁垒,从而吸引更多外商投资。在中国政府提出推进高水平对外开放,更大力度吸引和利用外资行动方案的背景下,持续优化区域营商环境将成为不断吸引高质量外资的重要举措。优化营商环境不仅需要改善一国各类资源市场的有效运转,提高政府的行政效能,简化审批程序,加强制度、法律法规和政策的透明度和可预测性,还需要推动社会价值观的进步和信用机制的建立。发展中国家各级政府推动和构建良好的营商环境有助于市场机制的有效运行,降低企业运营成本,保证经济活动的稳定性和公平竞争。持续优化营商环境不仅有利于规范和支持国内本土企业的商事活动,还将吸引更多外资企业参与到发展中国家的市场经济活动中。

外资企业作为参与发展中国家市场活动的重要主体之一,对提升发展中国家市场的资源配置效率和区域市场整合能力,加速发展中国家工业化转型与产业结构升级,增加产业附加值和提升发展中国家的国际影响力具有重要的作用。一方面,外资企业可以为发展中国家带来先进的技术和管理经验,推动本土企业融入全球产业链,提升区域整体产业链和价值链水平。另一方面，外资企业带来新的就业机会和创新活动，进一步推动技术的迭代与扩散，促进经济多元化发展。那些在政策法规完善、市场准入便利、知识产权保护得力等方面良好的发展中国家，能够降低外资企业进入市场的风险和成本，保护外资企业重要资产的权益，为外资企业经营提供有利和便利的条件。外资企业管理者基于东道国的营商环境，判断一个国家或区域的投资潜力和可行性，从而判断是否在该市场投资、选择以怎样的所有权结构形式进行投资、推测能够获得怎样的经济效果、以及如何进一步调整后续投资策略。

中国是全球重要的发展中国家市场之一，各级政府持续且深入地摸索深化市场机制改革的路径。在经过四十多年的改革开放后，各区域市场的营商环境已经在很大程度上为市场机制的有效运转提供了制度保障，激发了国内企业和外资企业开展商事活动的积极性和参与度。然而，不同地区之间的营商环境存在着显著的差异，这主要是由于历史变革路径、具体政策条款的差异、执行力度的不一致，以及各地政府治理能力的不同所致。具体而言，构成营商环境的两个重要维度——制度的发展水平与公众对外资企业进入市场开展商事活动的态度——存在区域之间的差异。区域层面营商环境给外资企业的战略决策带来不同的机遇和挑战。

外资企业进入东道国市场通常涉及到一系列的战略决策，包括是否进行对外投资、选择何种模式进入特定的海外市场、能够获得怎样的绩效、以及后续投资战略调整等问题。在东道国，不同区域的制度环境存在显著差异，这对外资企业的战略决策和绩效产生重要影响。一方面，不同区域在经济、政治和社会制度发展水平上的差异导致外资企业在开展商事活动时，面临着不同水平的交易成本和转化成本。这些成本包括外资企业获取市场信息、监督契约执行和将各类资源转化为生产力的成本。例如，当某些区域的法律执行力较弱时，外资企业在当地市场将花费较多的时间进行商业谈判。同时，为防止交易双方出现机会主义行为，外资企业需在合同订立时加入更多的免责条款和风险防范机制。最后，在合同执行阶段，外资企业还需承担额外的不确定性和成本，监督交易对方的履约情况。外资企业开展额外的风险监管活动将承担更高的交易成本。而当某些区域的法律执行力度较强时，外资企业在寻找商机、开展商业谈判、合同订立和执行各阶段都可以在有效的独立监督系统下完成，外资企业无需承担额外的监督成本和风险。因此，外资企业决策者针对不同区域制度发展水平将做出不同的战略决策。

另一方面，区域经济、政治和社会制度发展的不均衡，为外资企业的商事活动带来了不同的机遇和挑战，增加了外资企业经营的复杂性。在某些地区，经济制度的发展水平可能更高，当地市场为外资企业的信息搜寻和传递提供更为便捷的途径为外资企业融资提供更大的便利。而这些区域的社会文化、人际间的信任机制、价值观的进步程度却相对较低。外资企业在进入这类地区时需进一步寻求合法性较高的战略活动。因此，这就需要构建一个能够测量区域制度发展水平的系统框架。该系统评价框架的构建对揭示营商环境中制度发展与外资企业进入模式选择、子公司经营绩效，以及子公司后续投资战略调整的关系至关重要。这样的框架可以为理论研究和实践提供有力的工具，不仅有助于深入理解区域营商环境对外资企业的影响，而且能为政策制定者提供有针对性的政策建议，优化营商环境，吸引更多外资进入。通过探讨区域层面营商环境的制度构成，以及基于各维度的制度发展水平如何量化各地区营商环境的发展与演变，本书将更好地解释营商环境对外资企业进入模式选择、经营绩效和后续投资调整的影响。这对于理论研究和实践应用都具有重要的意义。

营商环境的另一维度体现在不同区域的公众对外资企业的认知状况。不同区域的公众对外资企业从事商事活动持不同的态度，首要原因在于区域市场经济发展状况存在差异，这种差异通过经济活动和就业状况等具体因素来影响公众对外资企业的认知。在经济相对发达的地区，由于外资企业的经济活动增加，当地的就业机会增多，公众往往更加开放和接受外资企业，认为它们有助于促进当地经济的增长。而在经济相对欠发达或存在失业问题的地区，公众可能更加担心外资企业对当地就业造成冲击。其次，政府也影响公众对外资企业的认知。政府的政策和媒体的宣传对公众形成对外资企业的认知和态度具有一定的引导作用。如果政府鼓励吸引外资企业，宣传外资企业对当地的积极影响，可能会塑造公众对外资企业的正面认知。最后，不同地区拥有不同的历史背景和文化差异，这会影响公众对外资企业的态度。一些地区由于历史遗留的种种因素，当地公众可能对来自特定国家的外资企业持有深刻的负面印象，无形中影响着公众对外资企业的看法，使得他们对外资企业持有一种消极的态度。而另一些地区的公众可能受保守主义思想的影响，对外资企业持有更为谨慎的态度。

区域公众对外资企业的认知对外资企业的影响更多体现在外资企业进入区域市场的阶段。公众对外资企业的积极认知能够降低市场进入难度，使当地利益相关者更积极地支持外资企业追求企业自身的利益，选择独资模式进入当地市场。外资企业进入区域市场的壁垒也随之降低。否则，当公众对外资企业持负面认知时，外资企业进入市场的困难将增加。由于公众对外资企业的认知很难被一一测量，区域内已经成立的外资企业所采取的战略决策从一定程度上反应了这一维度的营商环境。

为进一步明确营商环境与外资企业经营的关系，深入探讨如何从多方面改善中国市场的营商环境，本书将从以下三个方面，阐述区域营商环境对外资企业进入中国市场战略决策及绩效的影响：

（1）区域营商环境对外资企业以独资还是国际合资模式进入当地市场有怎样的影响？在区域经济、政治和社会制度发展水平与公众对外资企业的认知等多个维度中，外资企业需要更准确地判断哪个或哪些维度对其进入模式选择的影响更为显著？

（2）区域经济、政治和社会制度发展水平对外资企业子公司的经营绩效水平和绩效差异有怎样的影响？

（3）外资企业子公司应基于不同区域的制度发展水平，结合所获得的绩效反馈，如何调整其后续生产投资策略？

探讨上述问题的理论与实践意义有以下三点：

首先，外资企业决策者在选择进入模式时，需综合权衡区域营商环境对其经济目标（如绩效效益）和社会目标（如合法性获得）的影响，确保两者之间的平衡。区域营商环境不仅影响外资企业经营效率，还决定了外资企业是否能被当地利益相关者所接受，从而获得合法性和稳定的市场地位。当外资企业作为新的市场主体参与到东道国区域市场的经济活动中时，获得合法性将直接影响其生存与发展。以往针对外商独资企业合法性获得机制的研究认为，来自相同母国的同行企业对其合法性的获得有显著影响，当越多的同行企业在东道国设立独资企业时，新进入东道国的外资企业能获得更多的合法性。然而，针对东道国区域营商环境中制度发展状况和公众对外资企业认知差异，探讨外资企业以何种所有权结构形式参与到当地市场活动中的研究非常有限。深入研究区域营商环境对外资企业进入模式选择的影响，不仅有助于外资企业管理者更清晰地理解影响外资企业战略目标排序的环境因素，还能为政策制定者提供优化区域营商环境的建议。

其次，区域制度发展水平对外资企业经营绩效水平和绩效差异也具有显著的影响。现有研究主要关注不同东道国的营商环境对外资企业投资决策的影响（如，Chan, Isobe, Makino 2008；Christmann, Day, Yip 1999；Gaur, Delios, Singh 2007；Makino, Isobe, Chan 2004），但针对区域层面的营商环境与外资企业取得的绩效水平及绩效差异缺少研究。由于区域制度发展水平的差异将导致在不同区域注册经营的外资企业子公司绩效水平存在差异，学术界需进一步明确区域经济、政治和社会制度发展水平的测量。本研究将系统性地测量区域制度发展水平的多个维度，并深入探究区域经济、政治、社会制度发展水平的作用机制，揭示它们如何影响外资企业子公司的绩效水平和绩效差异。

最后，分析区域制度发展水平和绩效反馈对外资企业子公司后续投资战略调整的影响有利于进一步诠释外资企业在中国市场持续经营的战略决策。尽管大部分已有研究将外资企业在东道国后续投资的增加或减少视为外资企业当前战略成败的顺势调整，但关于外资企业子公司如何根据区域制度发展水平和自身获得的绩效反馈来调整后续生产投入的研究尚显不足。为了更全面地理解外资企业子公司的投资战略调整，学者们需要深入区分不同投资类别的风险属性，并将投资风险属性与区域制度发展水平和绩效反馈相结合，探讨后续投资调整决策。本研究将创新性地考察区域制度发展水平与外资企业子公司绩效反馈如何共同影响其在中国各区域市场后续生产投资的调整，这不仅有助于学界深入理解区域营商环境对外资企业战略决策的影响机制，还能为政策制定者和企业实践者提供有针对性的建议和指导。

  本书将基于制度理论的经济与社会视角以及企业行为理论，回答上述三个重要的学术问题。① 区域制度发展水平是一个多维度的概念，具体体现在经济、政治和社会制度等多个方面的发展程度上，这些方面相互交织、相互影响。区域制度发展水平的高低直接影响着企业能否在该区域获得公平有效的资源配置，降低经营成本，并进一步影响其能否获得稳定且持续的经济利益。同时，区域制度发展水平的高低也在很大程度上决定了该区域能否保证市场主体的多样性和活力，进而推动社会经济的繁荣与发展。发达的区域制度环境对规范市场行为、提高外资企业在本地经营的效率、推动外资企业在本区域市场经营的独立性具有重要的作用。最后，外资企业群体同质化结构能够在一定程度上体现当地合法性评价者对外资企

---

① 制度基础观由彭维刚教授提出。该理论强调了制度环境与行业、企业三层面要素对企业战略决策的影响。其制度基础观代表作包括（1）Peng M. W., Heath P. S. The growth of the firm in planned economies in transition: Institutions, organizations, and strategic choice [J]. Academy of Management Review, 1996, 21 (2): 492-528.；（2）Peng M. W., Wang D. Y. L., Jiang Y. An institution-based view of international business strategy: A focus on emerging economies [J]. Journal of International Business Studies, 2008, 39 (5): 920-936.；（3）Peng Mike W., Sun Sunny Li, Pinkham Brian., Chen Hao. The institution-based view as a third leg for a strategy tripod [J]. Academy of Management Perspectives, 2009, 23 (3): 63-81. 等。

业的共识性认知与态度。新进入该区域市场的外资企业管理者可以通过观察同质化结构更直观地理解当地公众对外资企业的认知状态。

本书将在以下几方面对区域营商环境的持续优化提出相应理论贡献。首先，本书采用多制度维度衡量区域制度发展水平，细化各区域营商环境的制度发展要件，协调各区域经济、政治和社会制度的发展。这种方法有助于理论与实践领域更全面地理解各区域营商环境的改善情况，并为政策制定者提供具有针对性的建议。现有关于区域营商环境的研究仅强调区域层面个别制度要素的发展水平对外资企业开展商事活动的影响（Meyer, Nguyen 2005；Zhao 2006；Zhou, Delios, Yang 2002），未能从区域经济、政治和社会制度的发展水平出发，综合评价区域制度的优化情况。由于某些区域特定维度的制度发展优于其他区域（Child, Tse 2001；He, Wei, Xie 2008），将区域营商环境解构为区域经济、政治、社会制度发展水平和区域合法性评价者对外资企业的认知制度，有利于全面探讨区域营商环境对外资企业经营决策及经营效率的影响。该区域营商环境既包含普遍影响区域各类组织和个人行为及关系的制度发展维度，又体现了针对外资企业的特定认知制度环境。

其次，本研究强调了外资企业进入模式选择时权衡经营效率与合法性目标实现的区域营商环境因素。现有基于制度理论的研究主要从经济学角度分析区域制度环境对外资企业商事活动成本和效率的影响，进而影响外资企业是否选择以独资模式在东道国市场开展商事活动（Li 2004；Meyer, Nguyen 2005），但忽视了合法性动机对外资企业持续经营的重要性。从制度理论的社会学视角深入剖析，合法性动机作为外资企业进入模式选择的重要考量因素，其具体包括获得当地利益相关者的认可和支持，以及符合当地法律法规和社会规范等方面。尽管学者们认为出于获得合法性的目的而进行的战略选择通常与以经营效率为目标的战略选择存在冲突，而当拥有相同社会身份的外资企业群体针对营商环境的不同维度做出战略响应时，新进外资企业需协调商事活动的经济与社会目标，即经营效率的提高与合法性的获得。本研究将建立一个综合分析框架，将进入模式的效率与合法性动机考虑在内，以研究哪种动机驱使外资企业做出进入模式选择。

第三，本书通过研究区域经济、政治和社会制度发展水平对外资企业子公司绩效的绝对和相对影响，进一步明确区域制度发展水平为外资企业经营带来的机遇和挑战。现有研究强调区域差异对外国子公司绩效的影响（Chan，Makino，Isobe 2010），但未能证明经济、政治和社会制度发展水平对外资企业子公司绩效水平和绩效差异的影响。本研究的实证结果将揭示区域制度发展水平对外资企业子公司绩效的影响，为外资企业探索区别于同行企业平均绩效水平的市场机遇提供启示。

第四，本研究将探讨外资企业在不同区域营商环境和自身绩效反馈的共同作用下，如何调整其后续投资类型和规模，拓展外资企业国际化战略的研究视角。现有研究主要关注外资企业针对某东道国的营商环境如何选择后续进入模式（如，Chang 1995；Hennart，Park 1994）和已成立的子公司的所有权结构变动等问题（如，Chung，Lee，Beamish，Isobe 2010），但很少探讨外资企业在进入某海外市场后如何调整其后续生产投入的规模。本研究将基于制度理论和企业行为理论，深入分析外资企业在不同区域营商环境和自身绩效反馈下的后续投资决策，揭示其战略调整的逻辑和机制，并为外资企业在实践中优化投资决策提供有价值的参考。

第二章

研究回顾与评述

本章第一部分简要回顾了传统理论视角下，外资企业进入模式选择前因的现有研究结论。第二部分对外资企业在东道国设立的子公司绩效水平的影响因素研究进行了文献回顾。第三部分回顾了外资企业在东道国后续投资战略调整的影响因素相关研究。本章最后一部分对基于传统理论视角的上述三条研究脉络进行了总结与评述。

第一节 外资企业进入模式选择前因的理论回顾

外资企业进入模式的选择，是指外资企业在进入某东道国市场时，对建立子公司的所有权结构模式进行决策的过程。这一战略决策构成了外资企业在东道国开展商事活动的基础和前提。外资企业持有子公司不同份额的股份，反映了其对该东道国市场不同程度的资本承诺和参与度。进入模式的选择对于外资企业在东道国市场的后续战略决策和经营效果具有深远影响（Brouthers, Brouthers, Werner 2003; Woodcock, Beamish, Makino 1994）。选择适合的进入模式，有利于外资企业提高经营效率、整合企业与当地资源、提升市场地位、积累在东道国经营的相关知识，并增强在当地经营的合法性（Agarwal, Ramaswami 1992; Chan, Makino 2007; Luo 2003）。以往研究指出，外资企业的进入模式可分为多种类型，包括出口、许可经营、跨境兼并与收购（M&A）、绿地投资、国际合资（International Equity Joint Venture，即 IEJV）和外资独资子公司（Wholly Owned Subsidiary，即 WOS）。在这些模式中，出口和许可经营不涉及所有权投资，而跨境并购与绿地投资主要探讨外资企业在东道国取得经营资产的途径。国际合资和外资独资子公司是两种涉及外资企业所有权结构比例的进入模式，本研究将重点关注这两种股权进入模式。

外资企业选择独资模式进入东道国市场，有利于保护其核心知识产权（Martin，Salomon 2003），防止重要资产被竞争对手通过公开或私下手段非法侵占。同时，独资模式赋予外资企业更高的经营控制权，从而确保其享有全部的利润剩余。因此，以利润最大化为目标的外资企业更倾向于选择独资模式进入东道国（Kim，Hwang 1992；李维安，李宝权 2003；邱立成，于李娜 2003）。然而，这种所有权结构也意味着外资企业需承担在东道国经营的全部内外部风险。相比之下，外资企业与东道国本土企业建立合资企业，可以降低其在东道国面临的风险（Lu，Xu 2006）。这种方式要求外资企业和本土企业具有优势资源互补的特征（Makino，Delios 1996），本土企业通常能够为外资企业提供降低风险和获取本土优势资源的能力。例如，在中国，外资企业选择与本土企业合作的一个重要原因是本土企业能与当地政府和利益相关者建立良好的关系（Shi，Sun，Peng 2012），这有助于降低因制度变革带来的不确定性风险（Chan，Makino 2007；Davis，Desai，Francis 2000）。然而，这种所有权结构的一个主要缺点是缺乏组织稳定性，外资企业与本土企业在合资子公司的经营决策上可能存在冲突，导致较高的运营协调成本和不确定性。

一、交易成本理论

国际商务学者们从交易成本理论框架出发，提出外资企业开展进入模式选择的目的是通过所有权结构决策降低其在东道国开展商事活动的交易成本和风险（Hennart 1988）。市场交易主体的有限理性、较少的可替代选择和契约执行不力等问题导致市场失灵。① 在这些情况下，搜寻信息、协商谈判、合同的监督执行成本以及机会主义行为的风险大幅提升。当东道国市场存在较高的交易成本时，外资企业倾向于增加对海外子公司的所有权份额控制，通过提升内部化水平，减少对东道国市场的依赖（Anderson, Gatignon 1986）。然而，当外资企业需要以较高的交易成本获得中间产品时，选择合资模式可能更为适合（Hennart 1988）。

为了验证交易成本理论的适用性，Gatignon 和 Anderson（1988）利用哈佛跨国公司数据库1960至1975年间在87个东道国建立了1267家海外子公司的美国大企业数据进行了一项实证研究。他们发现，需要大量研发投入和营销投入的外资企业由于资产专用性较高，更可能选择独资模式进入东道国市场。实证结果支持了上述预测，即外资企业在生产需要高研发投入和营销投入的产品时，更倾向于选择独资子公司进入模式。Gomes-Casseres（1989）使用1975年哈佛跨国公司数据库的数据也发现营销投入越高外资企业在东道国选择独资子公司进入模式的可能性越大。

然而，并非所有研究都支持这一结论。有很多学者的研究发现无法支持上述观点。例如，Hennart（1991）对158家日资企业在美国投资的子公司进行了实证研究。结果表明，特定交易资产（即，研发和广告费用）对外资企业选择独资子公司进入模式没有显著影响。Makino 和 Neupert（2000）研究了在美投资的日本企业和在日本投资的美国企业进入模式选择，发现高研发投入的美资企业在日本更可能选择独资，而高营销依赖的日资企业在美国对进入模式的选择没有显著偏好。Meyer（2001）基于677家进入东欧各国的西德和英国公司探讨了源自发达经济体的外资企业进入处于制度转型的国家如何选择进入模式。结果表明，研发投入的高低与外资企业进入模式选择没有显著关系。Brouthers 等学者（2003）利用在中东欧经营的218家外资企业数据，证明东道国社会环境的高度不确定性会推

---

① Williamson O. E. Markets and Hierarchies: Analysis and Antitrust Implications [M]. New York: Free Press, 1975.

动外资企业选择国际合资模式进入。而在这些东道国,当外资企业拥有较多的专用资产时,选择独资子公司的可能性更高。

基于交易成本理论,学者们还提出了其他影响外资企业进入东道国模式选择的因素。例如,当东道国环境风险较高时,国际合资模式比独资子公司模式降低更多的风险。Gatignon 和 Anderson(1988)认为国家风险、限制外资所有权结构的法律、文化差异和国外业务规模大小等要素是交易成本理论框架中的重要变量,它们会提高外资企业选择国际合资模式进入东道国市场的可能性。然而,Hennart(1991)的研究表明,当东道国产业处于低速增长且外资企业在东道国拥有丰富的经验时,外资企业更可能选择国际合资模式进入该国市场。

由于以往基于交易成本理论的研究结论不一,后续研究对外资企业进入模式选择进行了元分析(Zhao,Luo,Suh 2004)。研究结论表明,随着潜在竞争者、资产专用性和内部不确定性的增加,企业在进入新东道国市场时更可能选择独资模式。然而,在分析外资企业以所有权投资方式进入东道国市场时,仍需结合其他理论视角,如资源基础观、知识基础观和东道国制度环境等,以提供更全面和深入的理解。

二、企业资源基础观

企业资源基础观强调企业特有的优势资源对外资企业进入模式选择具有决定性影响。[①] 持该理论观点的学者认为,企业汇聚了能够为其带来利润的独特优势资源(Kogut,Zander 1993)。外资企业进入模式的选择是为了充分发挥企业独特的优势资源,并将其转移到东道国市场的业务中去(Madhok 1997;Martin,Salomon 2003),从而充分发挥企业独特优势资源的盈利作用,在东道国市场获取竞争优势。

从资源基础观出发的研究提出,外资企业所拥有的独特优势资源越难

---

① Barney J. Firm resources and sustained competitive advantage [J]. J Manage, 1991, 17 (1): 99-120.

转移，企业越可能选择独资子公司模式进入东道国市场（Madhok 1997）。Kogut 和 Zander（1993）深入探讨了知识转移效率对企业进入东道国市场模式选择的影响。他们通过分析 82 家向国外转让技术的瑞典企业，指出隐性知识存在难以获取和编码困难的特性，要求企业内部人员之间进行频繁的互动。基于这些特性，独资子公司与国际合资公司相比能更好地满足企业在知识转移方面的需求。Brown，Dev 和 Zhou（2003）利用全球酒店业首席执行官的调查数据，深入研究了知名酒店企业选择东道国进入模式的影响因素。他们发现，当企业具备显著的管理和组织竞争优势时，更倾向于选择以独资子公司而非国际合资公司的进入模式，以尽可能利用其竞争优势并降低合作中可能出现的摩擦和冲突。

另一些研究延续了资源基础观和知识基础观的论述，提出外资企业的进入模式选择不仅是利用企业特定资源优势的结果，也是探索新知识的方式。Hennart 和 Park（1993）的研究以在美国投资的日本企业为样本，进一步印证了资源基础观和知识基础观在外资企业进入模式选择中的重要性。他们指出，对于缺乏竞争优势的日本企业来说，通过国际合资形式不仅可以弥补其劣势，同时也是获取新知识、提升竞争力的有效途径。同样，Barkema 和 Vermeulen（1998）通过对荷兰企业的研究，深入探讨了学习效应在其进入模式选择中的作用。他们认为，经营能力水平较高的荷兰企业更倾向以独资子公司模式进入东道国市场，这不仅是对其特定资源优势的利用，也是通过独立运营来探索和学习新知识。此外，Luo（2002）针对在中国投资的 167 家外资企业进行研究，发现国际合资模式对于这些企业而言具有显著优势。通过与本土合作伙伴企业共同出资进入中国市场，外资企业能够迅速建立经营能力，降低因环境差异带来的经营风险，从而实现资源的优化配置和知识的共享。

三、国际生产折衷理论

国际生产折衷理论（OIL）在诠释外资企业进入模式选择问题上具有

举足轻重的地位，该理论自提出以来便受到广泛关注和应用，为外资企业在全球化进程中的战略决策提供了重要的理论依据。① 该理论指出，决定外资企业进入模式选择的关键因素包括企业的所有权优势、内部化优势以及东道国市场的区位优势。其中，企业的所有权优势是其跨国经营的核心竞争力，它源于企业在技术、管理、品牌等方面的独特资源和能力。内部化优势关注企业如何通过内化市场交易来降低交易成本、优化资源配置，从而提升整体竞争力。而区位优势则强调东道国市场的独特属性，如市场规模、政策环境、文化背景等，这些因素直接影响外资企业在当地市场的经营效果和进入模式的选择。

(一) 企业的所有权优势

企业的所有权优势是指那些独特且企业专属的资源，它们不仅有助于企业在跨国经营中获得持续的经济利益，还是母公司及其海外子公司相较于其他竞争者所特有的竞争优势。这些优势主要源于企业在不同地域和产品市场上积累的独特运营经验、技术创新能力和庞大的规模效应。鉴于外资企业在东道国市场与本土企业之间存在激烈的竞争，拥有更高的所有权优势对于降低市场风险、提升竞争力和实现长期盈利至关重要（吴先明 2019）。

在多个国家开展业务的大型外资企业拥有较强的能力克服进入新东道国市场的不确定性。Agarwal 和 Ramaswami（1992）采用实证研究方法，深入探究了 97 家从事设备租赁业的美国公司在不同国家的进入模式选择。分析结果表明，规模大且跨国经营经验丰富的外资企业有能力支持海外业务的发展，并以独资模式进入市场潜力较小的东道国。Pan（1996）通过深入研究 1979 至 1992 年间进入中国的 4223 家国际合资企业，详细探讨了这些合资企业的所有权结构水平，为理解外资企业在国际合资子公司中的股

---

① Dunning John H. Toward an eclectic theory of international production: Some empirical tests [J]. Journal of International Business Studies, 1980, 11 (Spring/Summer): 9-31.

权分配提供了重要依据。研究结果表明，当外资企业拥有较高的营销投入且掌握新建子公司较高的资产时，外资企业很可能在国际合资企业中持有较高的股份。

至于产品多样性对外资企业进入模式选择的影响，不同研究得出了多种结论。Hennart 和 Park（1993）、Kogut 和 Singh（1988）发现在产品多样性与外资企业的进入模式选择之间不存在显著的关系。然而，Barkema 和 Vermeulen（1998）的研究表明，产品多样性与企业选择独资子公司而非收购东道国已成立的企业呈倒 U 型关系。

（二）东道国市场的区位优势

东道国市场的区位优势为外资企业进入本地市场提供了独特的支持，如巨大的市场潜力和稳定的经济与政治环境。拥有巨大市场潜力的东道国不仅为外资企业提供了广阔的业务发展空间，还因其市场规模和增长潜力，吸引了外资企业寻求独资模式，以便更直接地控制市场并追求更高的利润。Agarwal 和 Ramaswami（1992）的研究比较了不同国家的设备租赁公司在进入对方市场时的进入模式选择，发现外资企业在具有巨大市场潜力的东道国更倾向于选择独资模式。Brouthers，Brouthers 和 Werner（1996）也指出，东道国的市场潜力是区位优势的重要组成部分。随着市场潜力的提升，外资企业将选择独资进入模式。

此外，东道国政治环境的稳定性和政策的一致性对于外资企业的进入模式选择也至关重要。稳定的政治环境意味着更低的政治风险，而一致的政策则有助于外资企业预测和适应市场变化。Tse，Pan 和 Au（1997）调查了外资企业进入中国市场的所有权结构模式选择。研究发现，在实施优惠政策的特区，外资企业更可能选择高水平的所有权结构进入。这表明政策环境对于外资企业的决策具有重要影响。然而，在高风险的东道国环境中，外资企业面临着更大的不确定性和潜在风险。Luo（2001）指出，高风险东道国环境会促使外资企业选择国际合资形式进入。Brouthers 和 Brouthers（2003）的研究也支持了这一观点，他们发现制造业外资企业在具有高环境不确定性的东道国更倾向于选择国际合资进入模式。通过与东道国企业合作进入市场，外资企业可以分散风险、共享资源，并借助合作伙伴的本地优势更好地适应市场环境。

（三）企业的内化优势

企业的内化优势是指外资企业克服国际化经营中遇到的市场失灵问题的能力（Buckley，Casson 1998；Kogut，Singh 1988；Rugman 1981）。企业通过内化其业务，能够有效克服在东道国市场遇到的不确定性，实现规模经济效益，并避免在合同缺少补偿条款的情况下权益受损（Dunning 1988）。内化优势不仅有助于企业提升经营效率，还能强化其在全球市场的竞争地位。这种情况下，内化优势为企业提供了协同效应，增加了企业以高比例所有权股份进入东道国的可能性。Kim 和 Hwang（1992）根据 96 名跨国公司经理的调查数据研究发现，全球协同战略在调整外资企业进入模式选择方面起到关键作用。研究结果表明，全球协同效应和全球战略动机作为企业内化优势的重要组成部分，与环境不确定性和交易成本因素共同作用于外资企业的进入模式选择。这些因素共同影响外资企业在进入新市场时更倾向于选择独资子公司的形式，以充分利用其内化优势并实现全球协同效益。基于国际生产折衷（OLI）理论框架，Brouthers，Brouthers 和 Werner（1999）的研究深入探讨了不同优势对企业进入模式选择的影响。他们指出，拥有显著的所有权优势、特定区位优势和内化优势的企业，倾向于选择更能反映企业综合实力的进入模式，如独资子公司。

四、国家与民族文化

各国之间的民族文化差异将影响外资企业进入模式的选择。[①] 一方面，母国的民族文化特征赋予了外资企业对特定进入模式的偏好，从而影响其

---

① Shenkar O. Cultural distance revisited: Towards a more rigorous conceptualization and measurement of cultural differences [J]. Journal of International Business Studies, 2001, 32（3）: 519-535.

进入东道国市场的进入模式选择。Erramilli（1996）发现来自高权力距离和高不确定性规避国家的企业在进入东道国市场时很可能选择更高的股权比例，因为企业管理者更倾向于集中决策过程并制定正式的规则。与该结论相似，Makino 和 Neupert（2000）分析了在日本投资的美国公司和在美国投资的日本公司的进入模式。结果表明，日本企业因高权力距离和高不确定性规避的民族文化特征，在进入美国时比美国企业进入日本市场选择更高的股权控制模式。Brouthers 和 Brouthers（2003）对比了服务业外资企业与制造业外资企业进入东道国模式选择的偏好。结果表明，来自高不确定性规避国家的制造业企业在进入中东欧国家时更倾向于选择国际合资模式。

另一方面，母国与东道国之间的民族文化差异不仅为外资企业的进入模式选择带来了多种机遇，同时也带来一系列的挑战。这种差异影响了外资企业在东道国市场的适应性和竞争力，进而影响其进入模式的制定。Hennart 和 Larimo（1998）基于 401 家制造业外资子公司的研究发现，母国的文化属性对外资企业的进入模式选择没有显著的影响，而母国和东道国的文化差异对外资企业的进入模式选择具有显著的影响。Kogut 和 Singh（1988）利用 228 家在美投资的外资企业发现母国和东道国的文化差异对其进入模式选择具有显著影响。Tihanyi，Griffith 和 Russell（2005）通过一项元分析深入研究了母国与东道国之间的文化距离对外资企业进入模式的影响。他们发现，文化距离与美国企业在东道国的所有权投入水平之间存在显著的负向关系，这进一步证明了民族文化差异对外资企业进入模式选择起到重要作用。

五、议价能力视角

议价能力视角认为外资企业进入新市场时，其获得的股权比例与其自身的议价能力紧密相关。议价能力的高低直接影响外资企业在东道国设立的子公司所有权结构（Gomes-Casseres 1990）。外资企业在东道国设立子公司的所有权结构在很大程度上取决于各方之间的相对议价能力（Yan, Gray 1994），包括东道国政府、外资企业、其他进入该国的竞争者和东道国本土企业等（Blodgett 1991；Fagre, Wells 1982；Franko 1989；Lecraw 1984）。

（一）东道国政府

东道国政府是决定外资企业子公司所有权结构的重要利益相关方，通过制定和实施一系列制度化规范，如限制措施或优惠政策，来影响外资企业的议价能力，进而决定外资企业在本国市场的所有权份额。东道国政府或采取限制措施，或采取优惠政策，限制或吸引外资企业以更高的所有权份额投资本国市场。

东道国政府拥有权力针对外资企业在当地投资建立子公司的所有权份额做出规定（Anderson, Gatignon 1986；Makino, Beamish 1998）。实证研究表明，所有权份额的限制性规定将抑制外资企业进入东道国市场持有子公司的所有权占比。Franko（1989）对20世纪70代中期美国公司拥有少数所有权份额的海外国际合资子公司数量不断增加的现象进行了研究。在伊朗、墨西哥、巴西、印度和菲律宾等东道国，由于政府收紧外资企业所有权份额，上述国家的国际合资子公司数量出现了较大的增加。Barkema 和 Vermeulen（1998）对25家荷兰公司在72个国家的829家子公司进行了研究，发现当东道国对外资所有权份额实行限制性规定时，外资企业更愿意成立国际合资子公司。

与此相反，外资持股比例的优惠政策鼓励外资企业在进入时选择独资子公司的形式。Contractor（1990）对美国在47个国家的投资行为进行了深入研究。他发现，当东道国政府颁布有关外资持股比例的规定后，少数股权和50-50股权份额的国际合资企业数量显著减少，这进一步证明了东道国政府的政策对外资企业所有权份额选择具有显著影响。

（二）外资企业

外资企业的议价能力源自于它们所具备的先进的、可供东道国利用的能力。这些能力涵盖了先进的技术、资本、营销人员、管理经验以及连接全球分销系统的渠道网络（Fagre，Wells 1982；Lecraw 1984）。通过在东道国充分发挥自身优势，外资企业能够提供当地所需的资源和技术能力，进而增强其在当地的议价能力，并提升在当地建立子公司的所有权份额。

在经济欠发达的东道国，拥有先进技术的外资企业通常拥有更强的议价能力。Fagre 和 Wells（1982）认为，先进的技术是外资企业在拉丁美洲获得高议价能力的关键因素。Lecraw（1984）以来自美国、欧洲、日本和欠发达国家的 153 家企业为研究对象，同样证实了先进技术是外资企业在发展中国家争取更高份额所有权的基础。此外，Blodgett（1991）基于美国公司在海外成立的 279 家子公司的数据，再次验证了这一结论。然而，Gomes-Casseres（1990）的研究表明，企业的技术优势（即，高研发强度）对外资所有权份额的影响并不显著。

有研究认为，外资企业的营销能力能够增强其讨价还价的能力。Fagre 和 Wells（1982）指出，外资企业对营销活动的投入比例越高，其在东道国市场的议价能力就越强，从而能够占有更高的子公司所有权份额。Lecraw（1984）的研究也再次印证了这一观点，他认为外资企业的广告投入越高，其相对于东道国政府的讨价还价能力就越强。然而，Gomes-Casseres（1990）的研究结果却显示，外资企业的营销能力与其在东道国子公司所有权份额之间并不存在显著的关系。

外资企业在东道国投入的初始资本是其议价能力的另一重要来源。Lecraw（1984）对此观点进行了验证，他认为，当外资企业向东道国投入大量资本时，将具备更高的议价能力，从而在子公司的所有权结构中占据更高的份额，特别是在资本作为东道国稀缺资源的情况下。然而，Fagre 和 Wells（1982）的研究却发现，企业的大量资本投入与其在东道国的所有权份额之间并没有显著的关系。

此外，外资企业若能将其在东道国生产的产品成功出口到其他海外市场，同样能够提高自身的议价能力。Lecraw（1984）基于美国、欧洲、日

19

本以及欠发达国家的企业在东盟国家六个制造业的投资进行了深入探究。研究认为，当这些企业能够靠近东道国当地市场时，便拥有了巨大的议价能力。对于那些经济发展主要依赖出口的东道国而言，外资企业的这种能力显得尤为重要。不过，Vachani（1995）利用61家在印度经营的外资企业子公司的纵向数据发现，跨国公司的出口业绩对其掌控子公司的所有权份额并没有显著的影响。

外资企业与东道国政府的议价能力随着时间的推移而变化。Grieco（1982）以印度计算机行业为样本进行研究，发现发展中国家政府和本土企业随着时间的推移都能够提高他们的议价能力，使其相对于外资企业更具优势。Kobrin（1987）的研究也支持了这一观点，他基于在49个发展中国家投资的563家美国制造业公司的样本，指出随着发展中国家工业技术水平的提升，当地政府的议价能力逐渐增强。因此，当东道国的产业技术已经发展至成熟阶段，而产业的全球一体化发展仍然受到限制时，外资企业不得不减少在东道国设立的子公司所有权份额。Vachani（1995）使用915家企业的横截面数据进一步证实，外资企业的议价能力主要来源于其大量的资本投入、营销技巧和先进的技术。然而，这些议价能力的基础会随着时间的推移而逐渐减弱，因为随着东道国的发展，当地企业和政府会逐渐熟悉并掌握这些能力。

还有学者认为，东道国设立的子公司的初始所有权结构决定了出资合作各方讨价还价能力的变化。Gomes-Casseres（1990）和Blodgett（1991）的研究发现，最初拥有多数所有权份额的一方，往往会随着时间的推移要求获得更高的份额。例如，Gomes-Casseres（1990）的研究表明，最初拥有多数股权的外资企业倾向于买断东道国设立的子公司的剩余股份，而最初拥有少数股权的外资企业则更可能选择后续出售其所持有的份额。

（三）进入东道国的竞争者

外资企业的进入模式选择还受到进入东道国竞争者数量的影响。随着进入企业数量的增加，东道国政府比外资企业拥有更高的议价能力，因为进入东道国的竞争者越多，东道国政府便拥有更多的价值提供者。

Fagre 和 Wells（1982）基于在拉丁美洲投资的美国公司提出，大量潜在投资者会降低持有外资企业在东道国设立的子公司的所有权份额。Lecraw（1984）得到类似的结论：东道国潜在海外投资者数量越多，外资企业能够持有东道国设立的子公司所有权份额就越少。Franko（1989）分析了美国企业在多个行业设立越来越多的国际合资企业的原因。结果表明，这一现象与越来越多的跟随者进入欧洲、日本和欠发达的东道国有较大关系。Grieco（1982）分析了印度计算机行业的发展，提出发展中国家本地成长起来的供应商扩大了外资企业在当地市场开展商事活动的机会。这些供应商的增加减少了早期进入该国的外资企业持有的子公司所有权份额。

（四）东道国本土企业

尽管多数基于议价能力视角的文献聚焦于外资企业与东道国政府关于其当地子公司所有权份额的谈判上，但外资企业最终能获取的所有权份额还受到东道国本土企业议价能力的影响。

本土企业的议价能力源自其技术优势和本地经验。Beamish（1985）通过对比发展中国家与发达国家企业的特性，指出发达国家的先进技术是吸引外资企业与本土企业共同成立国际合资子公司的主要驱动力。而Blodgett（1991）对在美国设立的 279 家国际合资企业进行研究后发现，获取当地知识是外资企业选择以少数所有权份额进入美国市场的一个重要原因。

本土企业的讨价还价能力源自它们与当地重要机构之间的特殊联系。Brouthers 和 Bamossy（1997）对外资企业与东欧国家国有企业建立国际合资子公司的情况进行了分析。研究结果显示，国有企业的议价能力主要源于它们与东道国政府的紧密关系，这使得它们成为东道国的一个特殊企业群体。然而，值得注意的是，东道国本土企业所追求的利益与东道国政府的利益并不总是一致的。Yan 和 Gray（2001）发现，在与外资企业就本土企业应在其设立的子公司持有多少所有权份额的问题进行谈判时,东道国政府往往更倾向于追求有利于自身利益的解决方案,而忽视本土企业的权益。

表 2-1　外资企业进入模式选择的理论基础回顾

理论基础	基本论点	代表性研究
交易成本框架	外资企业的进入模式选择是克服交易市场失灵和尽量减少交易成本的一种方式	(Andersen 1997; Gatignon &Anderson 1988; Hennart 1991; Rugman 1981; Zhao, Luo &Suh 2004)
企业资源基础观	外资企业的进入模式选择是利用企业特定优势资源和运用新知识的一种方式	(Brown, Dev &Zhou 2003; Inkpen 2000; Kogut &Zander 1993; Madhok 1997; Martin &Salomon 2003)
国际生产折衷理论	外资企业的进入模式选择取决于外资企业所有权优势、东道国区位优势、外资企业转化外部不确定性的能力	(Agarwal &Ramaswami 1992; Brouthers, Brouthers &Werner 1996; Dunning 1980; Dunning 1988; Pan 1996)
民族文化	外资企业的进入模式选择受不同国家文化差异的影响	(Davidson 1980; Kogut &Singh 1988; Makino &Neupert 2000)
议价能力视角	外资企业的进入模式选择是外资企业、东道国政府、东道国本土企业和其他外国投资者之间谈判和相互影响的结果	(Beamish 1985; Blodgett 1991; Fagre &Wells 1982; Franko 1989; Gomes-Casseres 1990; Kobrin 1987; Lecraw 1984; Yan &Gray 1994)

第二节　外资企业子公司绩效影响因素理论回顾

外资企业子公司的绩效,直接反映了外资企业在东道国市场设立的分支机构的经营效果。这些子公司对于外资企业而言具有不可或缺的作用,它们帮助外资企业获取东道国市场的宝贵知识和技术(Almeida 1996)、探索新的商业机遇（Hymer 1976；Lecraw 1984），并在东道国市场拓展新业务（Johanson，Vahlne 1977）。因此，外资企业子公司的绩效表现一直是国际商务研究领域重点关注的问题（Caves 1971；Caves 1974）。外资企业在进行海外投资时，保持高水平的长期效率是其重要的战略目标之一（Anderson，Gatignon 1986）。

传统的研究从多个视角深入探讨了影响外资企业子公司绩效的因素，主要包括产业组织结构、交易成本、外资企业的独特优势以及民族文化要素等。

一、产业组织理论

根据产业组织理论，东道国的产业结构是影响外资企业子公司绩效的关键因素。当东道国的产业处于落后状态时，那些具备较强能力的外资企业往往能够获取更高的利润[①]。当东道国的产业处于幼年阶段或技术落后状态时，进入这类东道国可以获得较大的市场份额和超额利润。Connor 和 Mueller（1982）研究了美国公司在墨西哥和巴西投资建立的 206 家子公司，发现在产业集中度较高的东道国开设子公司能够形成相互依存的紧密关系，这些外资子公司通常比在高度竞争的产业中的外资子公司获得更好的绩效。同样，Lecraw（1983）基于产业组织理论中的"结构–绩效"范式，分析了来自不同母国的企业在五个欠发达东道国市场的六个制造业领域的 153 家子公司。结果表明，当东道国的产业结构由最大的两家本土企业主导时，外资子公司能够获得较高的利润水平。但随着产业竞争加剧，这些子公司的利润可能会减少。

此外，外资企业拥有先进的技术、全球布局的营销网络，这些高投

[①] 美国经济学家斯蒂芬·海默从产业组织角度提出了在市场不完全情况下，企业对外投资可以发挥自身的垄断优势，在海外市场获得超额利润。见 Hymer Stephen Herbert. The International Operations of National Firms: A Study of Direct Foreign Investment [M]. Cambridge, Mass: MIT Press, 1976.

入、高专用性的资产为其带来了强大的寡头垄断优势,从而实现了在东道国的高额利润。虽然Connor和Mueller(1982)的研究发现营销投入对美国在墨西哥和巴西成立的子公司获得高盈利能力具有积极的影响,而研发强度对子公司绩效的影响并不显著。但Lecraw(1983)的研究却得出了不同的结论。他发现,尽管较高的广告和研发投入对国际合资子公司的盈利能力没有显著的联合影响,但这两种能力在统计意义上对子公司的盈利能力存在独立影响。

二、交易成本理论

当交易市场出现失灵时,较高的交易成本迫使企业启动国际化战略,旨在解决中间产品投入的低效率问题。① 因此,外资企业子公司的绩效主要取决于这些公司在东道国所面临的交易成本。为了最大限度的降低交易成本,子公司需采取合适的战略。例如,外资企业可以通过精心选择子公司所有权结构来降低在东道国的交易成本,进而提升子公司的绩效。Killing(1983)以发达国家外资企业在东道国设立的37家国际合资子公司为样本,指出提高国际合资子公司的所有权份额有助于降低交易成本,从而提升子公司在东道国的绩效水平。然而,Beamish(1984)对在制度环境相对落后的东道国设立的12家国际合资子公司的分析表明,外资企业在合资子公司所有权结构中占据主导地位可能导致子公司业绩不佳。

另一方面,部分学者从交易成本的角度出发,认为外资企业拥有过高的东道国子公司所有权份额可能导致子公司绩效不佳。Nitsch,Beamish和Makino(1996)研究了在欧洲运营的176家日本企业子公司,发现独资子公司和新建子公司的绩效优于国际合资子公司和通过收购本地企业而建立的子公司,这主要归功于前两种进入模式在减少治理成本方面的优势。

---

① 国际商务学者将交易成本理论引入跨国公司经营绩效的研究中,代表学者包括彼得·巴克利、马克·卡森。两位学者在《跨国公司的未来》一书中讨论了跨国公司通过内部化方式将外部风险和成本转化为自身优势的能力。

Chen 和 Hu（2002）则探讨了外资企业的进入模式与其在华投资子公司绩效之间的关系。研究结果显示，当外资企业基于交易成本因素选择进入模式时，子公司更有可能取得优异的绩效。Brouthers 和 Nakos（2004）也得出类似的结论。他们对在中东欧国家投资的 165 家希腊和荷兰中小型企业的子公司进行了分析，发现遵循交易成本框架选择进入模式的中小型企业比基于其他因素选择进入模式的企业往往能获得更好的绩效。

三、企业资源基础观

从企业资源观的角度出发，外资企业子公司的绩效是外资企业有效利用东道国当地企业独特竞争优势的结果。较高的外资子公司绩效往往源自母公司与其东道国出资方之间核心知识和竞争优势的有效转移。Luo（2003）深入探讨了母子公司联系的三种形式——控制是否灵活、资源承诺的高低和对东道国政策积极响应的程度——对子公司绩效水平的影响，并指出母子公司之间的联系越紧密，子公司在中国市场的经营绩效通常越高。外资企业的独特资源优势能否在东道国市场得到充分发挥，很大程度上取决于子公司的战略实践。例如，子公司选择实施产品多样化战略，能够充分发挥母公司的优势资源，进而提升其绩效水平。这是因为产品多样化战略以企业的核心能力为基础，能够广泛地打造新的产品组合。Zhao 和 Luo（2002）以 319 家在中国投资的外资子公司为研究对象，发现当子公司启动与母公司生息能力相契合的产品多元化战略时，往往能够获得高水平的绩效。

此外，外资企业子公司的业绩还受到外资企业国际市场多元化战略的影响。从规模经济和协同效应出发，外资企业有强烈的动机在多个国家市场发挥其特有的优势。外资企业的国际市场多元化战略有助于子公司在东道国取得成功。例如，Child 和 Yan（2003）对在中国设立的 67 家中外合资制造业企业进行了深入分析，研究结果表明，这些外资企业子公司的高水平绩效与母公司的国际经验呈正相关关系。Fang，Wade，Delios 和

Beamish（2007）通过对日本公司的4964家海外子公司的研究，验证了海外子公司确实能从母公司的国际经验中获益，从而获得高水平的短期绩效。

另一项研究表明，外资企业独特的资源优势可以通过选择合适的进入模式有效地转移给海外子公司。Isobe、Makino 和 Montgomery（2000）利用在中国建立的220家中日合资企业的数据，发现外资企业对其子公司的高水平所有权承诺对合资子公司的绩效具有积极的影响。Harrison、Hitt、Hoskisson 和 Ireland（1991）研究了被收购子公司的绩效，他们基于1100家外资企业子公司的纵向数据发现，只有当收购方的资源与目标公司的资源存在差异时，通过跨国收购方式成立的子公司才能获得高水平的绩效。然而，与上述研究相反，Woodcock 等学者（1994）对日本公司在北美的321家子公司进行了研究，发现由于成功利用了外资企业的所有权优势，独资子公司相较于合资子公司具有更好的绩效。但从长期来看，子公司成立两年后，这种绩效差异便不再明显。

Fang等学者（2010）强调了人员外派在外资企业知识向东道国转移过程中的重要作用。他们以日本上市公司的1660家海外子公司为样本进行了研究，发现外派人员能够有效促进母公司向不同东道国的子公司转移营销和技术等资产专用性较高的核心能力。当实施人员外派战略时，母公司所拥有的营销和技术能力将有力推动子公司短期和长期绩效的增长。

四、组织学习理论

外资企业对东道国市场的熟悉程度对其子公司绩效水平具有显著影响。从组织学习理论的角度来看，尽管外资企业子公司在初期可能缺乏对东道国市场的深入了解，但它们可以通过向东道国各方学习以及积累在东道国的运营经验，来降低因对市场了解不足而产生的经营风险。Makino 和 Delios（1996）在研究中，通过对在东南亚和东亚等国成立的558家日本企业国际合资子公司的分析，证明了合资所有权结构对子公司绩效水平的影响。他们认为，缺乏东道国经验的外资企业可以从本土出资伙伴那里获取宝贵的当地市场知识。实证结果表明，这些外资企业所建立的国际合资子公司往往表现出较高的绩效水平。类似地，Pan 和 Chi（1999）研究了在中国市场建立子公司的外资企业所有权结构模式对子公司绩效的影响。他们发现，合资子公司相较于独资子公司通常能够实现更高的盈利。在转型经济中，本土出资企业能够通过多种方式减少合资子公司在经营过程中面临的不确定性。

外资企业也可以通过"干中学"的方式获得东道国的相关知识。Luo 和 Peng（1999）对设立在中国的 458 家制造业外资子公司进行了深入研究，结果显示，外资企业在中国市场的经营时间越长，其子公司绩效往往越好。这是因为长期的经营使得这些企业在活动中效率更高，并能够更好地与当地利益相关者建立稳固的关系。外资企业在东道国的经验积累不仅减少了子公司参与当地商业活动的不确定性，还促进了外资企业向东道国设立的子公司转移无形资产。Delios 和 Beamish（2001）进一步研究了日本公司的国际经营经验对无形资产与海外子公司绩效之间正向关系的调节作用。他们的研究表明，日本公司在东道国积累的经验越丰富，其无形资产对子公司在东道国盈利能力的正向影响就越显著。Lane，Salk 和 Lyles（2001）则认为，外资企业与东道国本土企业建立的合资子公司拥有本地知识优势，这些知识有助于合资子公司将外资企业的新技术有效应用到东道国市场。他们指出，注重差异化战略的合资子公司往往能够获得高水平的绩效。

五、国家与民族文化

外资企业在东道国市场运营时，可能会面临来自母国与东道国之间文化差异的不利因素。这种文化差异可能导致公司内部的管理冲突，进而阻碍子公司在东道国取得高水平的绩效。孙黎和常添惠两位学者（2023）认为，文化距离会增加企业海外投资的前期、中期和后期的搜索、沟通和经营成本。Makino 和 Beamish（1998）对 737 家由日本企业在亚洲国家设立的国际合资子公司进行研究后发现，在同一个东道国，外资企业各子公司之间建立的合资公司相较于与其他外资企业建立的合资公司往往能获得更高的绩效。原因在于这些内部合资公司在国家和公司层面上的文化冲突较小。然而，母国与东道国的民族文化距离并不总是带来负面影响。Morosini，Shane 和 Singh（1998）研究了 52 家以跨国收购方式成立的外资企业子公司，他们发现文化距离对跨国收购后东道国目标公司的绩效有正向影响。这是因为母国与东道国之间的文化距离为被收购的目标公司带来多样化的经营方式，从而增强其盈利能力。

然而，也有学者持不同观点。Pothukuchi，Damanpour，Choi，Chen 和 Park（2002）分析了印度公司与来自其他国家的企业成立的 202 家国际合资子公司，他们发现民族文化差异对这些子公司的绩效没有显著影响，而组织层面的文化差异却可能导致这些国际合资子公司绩效较差。Gong（2003）的研究也显示，母国和东道国之间的文化距离对外资子公司的绩效有显著的负向影响。不过，外派人员战略有助于降低外资企业监督其子公司的难度，进而提升子公司的生产率。由于对文化距离与外资企业子公司绩效之间关系的研究结论并不一致，Tihanyi 等学者（2005）进行了一项元分析。他们发现，当外资企业子公司开设在发达国家时，母国和东道国之间的文化距离与子公司的绩效呈正向关系。这表明在不同情境下，文化距离对外资企业子公司绩效的影响可能有所不同。

表 2-2　外资企业子公司绩效水平的理论基础回顾

理论基础	基本论点	代表性研究
产业组织经济学	东道国的产业结构决定外资企业子公司的盈利能力	（Bartlett，Ghoshal 1987；Caves 1971；Connor，Mueller 1982；Lecraw 1983）
交易成本框架	外资企业必须尽可能减少交易成本，以获得较高的子公司绩效	（Beamish 1984；Brouthers，Nakos 2004；Chen，Hu 2002；Killing 1983；Nitsch 等 1996）

续表

理论基础	基本论点	代表性研究
企业资源基础观	外资企业的企业特定优势资源有助于在东道国市场形成竞争优势，从而使外资企业子公司的绩效达到较高水平	（Child, Yan 2003; Fang 等 2010; Fang 等 2007; Harrison 等 1991; Isobe 等 2000; Luo 2003; Woodcock 等 1994; Zhao, Luo 2002）
组织学习	随着外资企业对东道国市场了解程度的加深，外资企业的合资子公司可以获得高水平的绩效	（Luo, Peng 1999; Makino, Delios 1996）
民族文化	母国和东道国的文化差异影响外资企业子公司的绩效	（Shige Makino, Paul. W. Beamish 1998; Morosini 等 1998; Tihanyi 等 2005）

第三节　外资企业子公司后续投资调整决策影响因素理论回顾

外资企业子公司在进入东道国市场后，需根据自身的经营情况和环境变化来调整后续的投资战略（Dunning 1988; Johanson, Vahlne 1977）。虽然国际商务研究中有相当一部分专注于分析外资企业进入新市场的战略决策（Anderson, Gatignon 1986; Kim, Hwang 1992），但也有另一部分研究则深入探讨了企业在东道国的后续投资战略。例如，有的研究探讨了外资企业进入东道国后的再进入频率（Delios, Henisz 2003a; b; Guler, Guillén 2010）、后续投资的选址（Davidson 1980; Hennart, Park 1994），以及进入东道国新业务领域等问题（Chang 1995）。

其他研究则聚焦于决定外资企业增加对东道国投资的因素（Belderbos, Zou 2007; Phene, Almeida 2008）。这些研究主要探讨了外资企业子公司的成长（Song 2002; Uhlenbruck 2004），以及外资企业对子公司出资份额的增加（Belderbos, Zou 2009；Fisch 2008；Phene, Almeida 2008；Puck, Holtbrügge, Mohr 2009）。根据这些研究，外资企业子公司后续增加投入的主要原因在于其在东道国的有效运营、能力部署、东道国产业结构实现的规模经济，以及外资企业对东道国运营不确定性的规避。学者们基于交易成本理论、产业组织理论、企业资源基础观和实物期权理论，对外资企业进入东道国建立子公司的后续投资决策进行了诠释。

一、交易成本理论

交易成本理论为外国子公司在东道国市场的后续扩张提供了重要的视角。尽管以往研究较多地利用这一理论探讨了外资企业进入东道国的所有权模式，但实证研究在探讨外国子公司在东道国的后续扩张方面仍显不足。Reuer 和 Tong（2005）深入研究了外资企业收购其在东道国设立的国际合资子公司剩余股权的可能性。他们基于2594笔并购交易的数据分析，发现东道国的政治动荡风险对外资企业日后接管国际合资子公司的可能性具有显著的负面影响。Puck 等学者（2009）则将交易成本理论应用于外资企业在东道国开设子公司所有权份额变化的研究中。他们探讨了东道国所有权规定发布后，外资企业如何调整其在东道国子公司的所有权份额。利用中国设立的1979家国际合资子公司和外资独资子公司的数据，研究发现东道国的交易成本是影响外资企业是否决定增持其国际合资子公司股份的关键因素。随着外资企业对东道国市场的深入了解，其增持国际合资子公司的所有权份额将逐渐增加，最终可能转变为外资独资子公司。然而，文化距离会降低这种转型的可能性。此外，Feinberg 和 Gupta（2009）进一步探究了外资企业子公司与外资企业及其他子公司之间的内部销售占比。他们基于在19个东道国建立的19432个美国企业子公司的面板数据，发现子公司内部销售的增长是外资企业为克服东道国欠发达的制度而采取的一种风险规避策略。

二、产业组织理论

基于产业组织理论，母国与东道国的产业结构是推动企业主动增资国际合资子公司的重要因素（Caves 1971；Hymer 1976）。企业通过在国外市场增加投资，在东道国市场寻求垄断利润。Sarkar, Cavusgil 和 Aulakh（1999）对来自北美、西欧和日本的19家电信运营商的对外直接投资进行了深入的剖析，揭示了国内产业结构与企业国际化投资之间的紧密联系。国际化程度的提高有助于外资企业实现内部规模经济。Blonigen 和 Tomlin（2001）以日本制造企业在美国设立的688家子公司为研究对象，证明了东道国产业结构对日本企业在美子公司员工规模具有显著的影响。那些在具备规模经济效应的东道国产业中经营的外资企业子公司，其员工规模的增长速度往往快于那些在不具备规模经济效应的产业中经营的外资子公司。

三、企业资源基础观

企业资源基础观认为，外资企业扩大在东道国子公司的投资规模是其能力提升的必然结果（Birkinshaw, Hood 1998；Uhlenbruck 2004）。这种规模的扩张依赖于外资企业内部资源与东道国市场环境之间的联合效应（Birkinshaw, Hood 1997）。

首先，子公司的后续投资战略源于外资企业对其全球组织网络知识的有效利用。构成外资企业内部网络的子公司能够汲取来自全球不同东道国的知识和优势资源，这些优势资源为子公司在东道国的后续扩张提供了强有力的支持。

Roth, Schweiger 和 Morrison（1991）的研究显示，外资企业的全球战略对其海外子公司的增长具有积极影响。全球战略鼓励企业在不同国家培养和利用当地优势，以构建企业可持续增长的能力。他们发现，全球战略引导企业采用适当的组织设计，进而推动其海外子公司的增长。Tan（2003）就母公司的全球能力对海外子公司后续扩张的影响得出了相似的结论。该研究指出，日本在美国设立的制造业子公司，其地域分布越广泛、项目多元化程度越高，越能够通过人员外派战略将公司的特定优势转移到海外子公司。基于更多的内部优势能力和东道国市场管理经验，海外子公司的发展速度将更为迅猛。

学者们对其他形式的后续投资策略也进行了深入研究，得出了类似的结论。Song（2002）分析了128家日本电子企业在1988至1994年期间在东亚地区的连续投资活动。研究结果表明，旨在发展当地子公司能力的投资促进了子公司在技术、工厂和研发方面的升级。外资企业高水平的技术或全球能力的提升有助于子公司的升级。Belderbos和Zou（2007）利用1995-1999年间日本企业调整海外子公司投资情况的数据，探讨了外资企业如何应对东道国环境变化的不确定性。他们区分了外资企业子公司和外资企业本身的反应，认为当东道国劳动力成本较低时，子公司会增加员工数量。然而，外资企业凭借其内部网络的高灵活性，在其他东道国劳动力成本大幅上升时，也会增加在劳动力成本相对较低的东道国子公司的雇员数量。

另一方面，由于外资企业子公司嵌入在东道国的产业网络中，其在东道国的经营有助于形成子公司独特的竞争优势（Rugman，Verbeke 2001），进而扩大在东道国市场的规模（Phene，Almeida 2008）。基于中东欧170起并购案例，Uhlenbruck（2004）研究了外资企业收购目标公司后的增长情况。该研究认为，当外资企业作为收购方拥有丰富的收购经验和在东道国市场经营的相关经验时，被收购的目标企业后续增长率将会提高。目标公司所持有的当地特定资源也有助于收购后子公司的成长。Andersson，Forsgren和Holm（2002）研究了瑞典外资企业在东道国市场成立的97家子公司的增长情况。他们认为，外资企业的组织网络为其子公司提供了机会和创新技术资源。子公司的本土化战略创造了新的战略资源，有助于子公司在东道国市场份额和销售额的增长。Phene和Almeida（2008）主要研究了美国半导体公司在东道国投资的子公司创新情况。尽管他们未能发现子公司从外资企业继承的知识总量与其创新规模之间存在显著联系，但研究结果显示，子公司吸收并整合外资企业内外部知识的能力能够有效提升其创新规模。

四、实物期权理论

实物期权理论主要探讨了外资企业在东道国子公司所有权投资的增减问题。该理论着重强调，在高度不确定的环境下，企业需保持获取价值的灵活性（Fisch 2008）。从该理论视角出发，外资企业子公司的后续投资调整策略深受东道国环境不确定性和外资企业在该国经营经验的影响。

在不确定性较高的情况下，外资企业将避免在东道国扩大业务规模。Reuer 和 Tong（2005）以实物期权理论为基础，提出了外资企业增持合资子公司所有权份额的实物期权假设。他们指出，在知识产权保护政策较弱的东道国，外资企业会选择增持合资子公司其他出资方的股份，以通过接管国际合资企业来保护自身知识不被东道国其他企业征用。同时，该理论也强调，在不确定的环境下，外资企业的战略变化往往难以逆转。因此，它们往往对东道国环境的恶化反应迟缓。决策者在调整东道国子公司后续投资时，必须保持行使期权的开放性和灵活性，以应对由东道国环境不确定性引发的经营风险。此外，外资企业在应对东道国环境不确定性与投资不可逆性的同时，还需考虑潜在的增长机会。例如，Belderbos 和 Zou（2009）研究了外资企业在投资东道国后，是否因东道国环境不确定性的增加而撤资。他们以日本电子制造企业的 1078 家子公司为研究对象，发现东道国宏观环境的不利变化带来的不确定性会增加外资企业子公司的组织惯性，从而降低其撤资的可能性。然而，如果其他东道国的宏观经济条件优于该东道国，外资企业的撤资可能性则会相应的增加。

随着在东道国经验的积累，外资企业往往倾向于扩大对已建子公司的投资。Fisch（2008）以 634 家在多个行业投资的德国子公司为研究对象，从实物期权理论的角度出发，发现学习过程有助于减少投资者感知到的不确定性。随着时间的推移，国际市场的经验对外资企业在东道国投资率的影响将逐渐减弱。

然而，关注单一东道国可能忽视了外资企业在经济危机期间对子公司的后续投资调整决策的影响因素。Chung等（2010）分析了1997—2001年间1519家日本企业海外子公司的后续投资情况。结果表明，在亚洲金融危机期间，这些子公司在东道国的国内投资导向和跨国投资导向存在显著差异。国内投资增长率会下降，而外资企业的海外子公司则不受亚洲金融危机的影响。这是因为国际化为子公司提供了一个扩展网络、重建价值链的机会，从而有利于外资企业在危机期间寻找和创造新的机会。

表2-3　外资企业子公司后续投资战略调整的理论基础回顾

理论基础	基本论点	代表性研究
交易成本理论	外国子公司的扩张由运营成本决定	（Feinberg, Gupta 2009; Puck 等 2009; Rugman 1981）
产业组织理论	东道国的产业结构决定了外资企业子公司的后续投资战略调整	（Blonigen, Tomlin 2001; Caves 1971; Hymer 1976; Sarkar 等 1999）
企业资源基础观	外资企业的企业特有优势决定了其东道国子公司的发展程度	（Birkinshaw, Hood 1998; Kogut 1983; Song 2002; Tan 2003; Uhlenbruck 2004）
实物期权理论	外资企业子公司增加或减少投资取决于外资企业对东道国市场不确定性的评估	（Belderbos, Zou 2009; Chung 等 2010; Reuer, Tong 2005）

第四节　传统理论研究的评述

基于传统理论视角，以往关于外资企业进入东道国的所有权模式选择、在东道国设立的子公司绩效、以及外资企业子公司后续投资战略的研究存在以下三点不足。第一，这些研究主要聚焦于外资企业、其子公司内部、行业和国家层面对进入模式选择的影响因素，而对东道国不同区域的营商环境分析则显得不够充分。先前的研究指出，企业在国际化过程中需面对来自不同层面的环境因素和挑战。在同一东道国，由于经济、政治和社会制度发展水平在区域之间的差异，区域环境对外资企业的经济效益和战略实践具有不同的影响。因此，外资企业的进入模式选择、其东道国子公司的绩效，以及子公司的后续投资战略在国家区域层面也会呈现出系统差异。制度理论为解释这些研究问题提供了重要的理论视角，有助于深入探讨区域营商环境如何影响外资企业的所有权结构选择、子公司在区域市场的财务绩效水平，以及进入市场后，在不同制度发展水平和财务绩效状态下将采取的后续投资调整策略。

第二，基于传统理论视角的研究在探讨外资企业进入模式选择时，主要将成本与收益对比的理性决策作为前提假设。选择何种模式进入东道国市场反映了外资企业投资该国所追求的经济目标，如扩大经营规模从而降低成本提高效率、取得东道国特定资源、摆脱国内行业或宏观环境的风险等。与传统理论不同，制度理论不仅强调企业战略选择的经济目标，还强调了社会目标——即合法性的获得。一方面，制度理论认为东道国的制度环境可能影响外资企业在当地开展经济活动的成本，进而影响其经营效率。有研究表明，对于进入亚洲、非洲和拉丁美洲等发展中国家的外资企业，知识产权保护水平对其以独资形式进入具有显著的正向影响，且东道国整体制度环境越优越，这种影响越明显。另一方面，东道国的制度环境决定了外资企业对当地经济、政治和社会环境的适应性，从而引导其选择合适的进入模式以实现合法性动机（如，Davis 等 2000；Lu 2002）。尽管以往研究对这两种动机进行了讨论，但往往认为外资企业在面对东道国制度环境时只能进行"非此即彼"的选择，而未能深入比较哪种动机对其进入模式选择的影响更为重要。

第三，以往关于外资企业设在东道国子公司绩效的研究主要聚焦于子公司或外资企业内部因素的影响，认为不同的绩效水平反映了外资企业子公司在东道国商事活动的效率差异，体现了外资企业特有的优势在东道国产生的不同效果，以及对当地商事活动了解程度的区别。尽管有学者对国家文化差异等宏观环境因素进行了研究，但东道国市场的营商环境并未得到足够的重视。制度理论为探究外资企业在拥有不同制度发展水平的东道国市场为何得到不同的绩效水平与绩效差异提供了理论基础。

最后，尽管现有研究将外资企业子公司减少后续投资视为对东道国经营环境不确定性的战略响应（Belderbos, Zou 2007; Feinberg, Gupta 2009），但这些研究往往假设一个东道国的制度环境是均匀发展的。而实际情况表明一国不同区域的营商环境存在差异，影响着在当地经营的外资企业子公司的战略决策和经营效果。如果仅考虑东道国国家层面的宏观环境不确定性，而忽略区域营商环境差异对外资企业子公司后续投资决策的影响，将无法全面客观地理解外资企业如何通过调整后续投资避免退出东道国市场将承担的巨大成本。同时，以往研究普遍认为外资企业减少后续投资、甚至关闭与核心业务相同的子公司，是由于子公司在东道国取得了欠佳的绩效水平（Reuer, Tong 2005; Tan, Sousa 2018），而增加后续投资则是因为子公司取得了较高的盈利收益（Berry 2013）。然而，这些研究忽视了在各东道国经营的外资企业子公司是企业生产能力的重要组成部分。根据经济合作与发展组织（OECD）2018年的全球生产报告，外资企业子公司的生产产出占外资企业总产出的10%，比2008年金融危机之前增长了13%，这一增长率远高于金融危机前的平均水平。由此可见，外资企业子公司在取得不同的绩效水平后，需根据实际绩效与期望绩效水平间的差距，开展问题性搜索或冗余性搜索，进而调整后续投资策略。

为了深入探究外资企业进入模式选择、绩效水平及差异，以及外资企业成立子公司后的投资战略调整的影响因素，本研究将以制度理论为基础，构建区域层面营商环境的多维制度发展衡量系统，并深入考察区域层面的制度环境对外资企业上述战略决策与经营效果的影响机制。

第三章

理论基础

本章将基于上一章关于外资企业进入模式选择、外资企业子公司绩效与外资企业子公司后续投资战略调整等问题现有研究的评述，提出本书将运用的理论基础，主要包括制度理论与企业行为理论。此外，本章将从制度理论的视角出发，讨论外资企业进入模式选择、东道国子公司绩效水平和绩效差异以及后续投资战略调整的理论机制。同时，本章还将进一步阐述区域制度环境发展水平的维度构成与测量、明确区域营商环境与外资企业经营决策和经济效果。此外，结合企业行为理论，本章还将分析绩效反馈与企业对外直接投资之间的内在联系。最后，本章将提出具体的研究问题和研究框架。

第一节 制度理论的发展

制度通常被定义为某个社会范围内的"游戏规则"。[1] 它代表着这个社会范围内参与各类活动的个人和组织共同遵守的秩序和协议。制度并非一成不变，它会随着社会实体之间互动的发展而不断演变。同时，制度的具体表现形式多种多样，包括符号元素、社会活动和物质资源等。制度通过

---

[1] North Douglass C. Institutions, Institutional Change and Economic Performance [M]. Cambridge: Cambridge University Press, 1990.（见第3页）

为个人和组织的社会活动赋予意义,对他们的行为和关系产生深远的影响。尽管研究新制度经济学的经济学家[1]和研究新制度主义理论的社会学家(如,DiMaggio,Powell 1983)[2] 普遍认为制度对社会秩序具有建设性作用,但这两组学者在探讨制度对个人和组织的战略活动影响过程时存在不同的侧重点。经济学家更关注在不同制度发展水平下"成本-收益"的平衡,而社会学家则更侧重于分析在不同制度规则下个人和组织活动的"合法性"程度。

新制度经济学家认为,制度环境对个体和组织在特定社会中开展经济活动的交易成本和转化成本产生深远影响,进而决定其效率和经济效果。North(1990)将社会的制度环境与在社会中开展各类活动的组织进行了区分,指出制度是人们用来规范社会个体或组织间关系与活动的框架,而组织则是在制度约束下寻求机遇,以实现其目标的实体。制度涵盖正式制度和非正式制度。正式制度涉及经济和政治规则、契约和法律,而非正式制度则包含传统、习俗等无形规则,它们共同影响着个体与组织各种活动的成本。尽管非正式制度因其灵活性而对企业对外投资决策产生显著影响,但它们缺乏硬性而正式的保障,对个体和组织的作用效果较弱。由于资产专用性、机会主义、有限理性和环境不确定性的存在,市场失灵导致交易成本上升,进而降低公平交易的效率。然而,制度环境的较高发展水平在降低交易成本、保护个人和组织的产权、提高市场机制有效性等方面发挥着关键作用。制度发展水平决定了一国在经济、政治和社会等制度维度中"亲市场化"[3] 的程度,即在多大程度上支持市场发挥资源配置的作用,促

---

[1] 代表学者包括诺贝尔经济学奖获得者罗纳德·科斯、道格拉斯·诺斯和奥利弗·威廉姆森等。
[2] 代表学者包括德国经济学家、社会理论家马斯克·韦伯、社会学家约翰·梅尔和布莱恩·罗恩等。
[3] 许多学者探讨了发展中国家通过市场机制改革,实现市场化转型,并将这一过程称为"亲市场化"变革。见 Cuervo-Cazurra Alvaro, Gaur Ajai, Singh Deeksha. Pro-market institutions and global strategy: The pendulum of pro-market reforms and reversals [J]. Journal of International Business Studies, 2019, 50 (4): 598-632.

进市场经济的发展。因此，较为发达的制度环境能够支持市场公平交易、降低交易成本、保护私有部门的产权。

尽管制度经济学家关注制度环境的发展是否更有利于市场机制发挥作用，而社会学家则更侧重于制度环境下组织与个体的行为，以及相互交流的合法化过程。换句话说，研究制度理论的社会学家探讨的是组织在特定的社会结构下，是否能够获得合法性评价者的认可。合法性是指在特定社会中"一种普遍的认知或假设，即在该社会构建的规范、价值观、信仰和定义体系中，一个实体的行为是可取的、恰当的或合适的"。[①] 从社会学家的视角出发，制度环境由强制机制、规范机制和认知机制三部分构成。[②] 其中，强制机制通过正式规则、法规以及相关的奖惩措施来影响社会成员的行为，它依赖于第三方权威机构，如法律、法规以及正式条款的执行，以确保社会成员遵守规定。个体和组织遵守强制机制的原因在于他们对奖励的渴望和对惩罚的恐惧。规范机制强调社会规范、价值观和信念对社会成员行为的塑造作用，它可以是非正式的，源于文化、专业化的标准或行业特定背景。通过社会化控制过程，规范机制使社会成员将共享的价值观、信念和规范内化。该机制作用的前提是社会中的个体和组织认可这些标准。遵循这些标准是将个体和组织实际的行为与其共享认知内化统一的过程。认知机制则侧重于社会成员之间共享的知识、信念和心理模式对行为的影响。它表明个体和组织在社会明确制度缺失的情境下，根据社会公众共同的理解和认知框架来理解和诠释外界环境的过程。这些共享的认知结构指导个体和组织的决策和行动。认知支柱强调习以为常的假设、共享的意义和集体的理解对塑造个体和组织行为的重要性。

上述制度环境为不同类型的组织群体制定了构成规则，赋予它们各自

[①] 美国社会学家马克·苏克曼在1995年《管理评论》第20期第3卷上发表题为《管理合法性：战略与制度的方法》的论文，为"合法性"做出明确的定义（见第574页）。

[②] 美国社会学家威廉·斯科特是制度理论社会组织学派的代表人物，其在代表作《制度与组织》中提出了社会制度体系构成的三个支柱。

的社会身份，并根据组织与制度环境规范的匹配程度来评判组织的合法性。一个组织能否获得合法性，取决于该组织的行为是否获得制度环境中评判合法性评价者的集体认可。这些合法性评价者是构成组织所处环境的利益相关者，掌握着组织所需的关键资源。他们通常会参考强制、规范和认知机制的要求，判定遵循这些制度规则的组织具有较高的合法性，并倾向于为这些组织提供重要的资源支持。对于新进入特定社会的组织来说，决策者需要了解与其具有相同社会身份的其他组织成员的制度化行为，并遵守这种制度化的行为准则，以减少因合法性不足而引发的生存危机和组织不确定性。例如，组织可以通过与那些已被合法性评价者广泛接受和认同的组织行为或特征建立联系，如"合法化的行为模式、价值观或相关符号"等。① 因此，企业在追求合法性的过程中，其战略决策往往倾向于与其他拥有共同社会身份的组织保持一致。尽管顺应同构压力的组织更容易获得合法性，但当组织将合法性评价者认为的"合法"活动作为组织决策的优先目标时，它们"往往会将注意力从完成任务和追求经济绩效的目标上转移"。② 新制度理论的社会组织视角认为，尽管获得了组织合法性的企业可能在社会认同上有所收获，但它们很可能无法获得非常突出的利润收益，因为在特定社会环境中，组织的行为与战略决策可能变得"日益趋同"③。

以往基于制度理论的研究要么仅从经济学的视角出发，探讨东道国制度发展水平对外资企业战略选择与绩效的影响；要么从社会组织视角出发，研究外资企业在不同类型制度的影响下是否遵从同构化压力。然而，管理学者提出的制度基础观将新制度理论的经济学视角与社会组织视角整

---

① Ashforth Blake E., Gibbs Barrie W. The double-edge of organizational legitimation [J]. Organization Science, 1990, 1 (2): 177-194. (见第181页)
② Zucker L G. Institutional theories of organization [J]. Annu Rev Sociol, 1987, 13 (1): 443-464 (见第445页)
③ Meyer John W., Rowan Brian. Institutionalized organizations: Formal structure as myth and ceremony [J]. Am J Sociol, 1977, 83 (2): 340-363.

合，认为除了企业自身特定优势和产业结构外，制度环境是影响企业国际化战略及其绩效的又一重要前因变量。制度基础观强调了"将效率导向的研究融入制度环境的社会组织研究的重要性"。[1] 从制度基础观出发的管理学者认为，虽然通过同构化行为获得合法性能够解释企业战略决策的制度前因，但这一视角未必适用于以效率为目标的企业战略决策研究。因此，在讨论特定社会内的制度环境与企业战略决策关系时，需要进一步比较企业战略决策的先决动机：追求经济效益还是追求合法性。

第二节 东道国层面营商环境与外资企业经营

外资企业在进行国际化战略决策时，一个显著的特征是根据不同东道国市场的多层面制度环境开展多种异质化战略活动。各东道国市场分散、复杂且有时相互冲突的外部制度环境，给外资企业的战略协调带来了巨大的挑战（Kostova，Roth，Dacin 2008；Spencer，Gomez 2011）。以往关于东道国制度环境差异的研究认为，东道国与外资企业母国制度之间的差异能显著影响外资企业的国际投资战略决策与经济效果（Kostova，Beugelsdijk，Scott，Kunst，Chua，van Essen 2020；Xu，Shenkar 2002）。这种差异对企业跨国经营的影响具有双重性：一方面，差异越大，企业在对外直接投资时将面临更大的不确定性与合法性冲突（Kostova，Zaheer 1999），难以将在母国取得的经验复制到制度环境迥异的东道国市场；另一方面，差异也可能促使企业通过对外直接投资获取全新资源，丰富企业知识多样性，从而提升其对外投资的经验（Morosini 等 1998）。

除了东道国与母国之间的制度距离，不同东道国之间的制度环境发展

---

[1] Peng Mike W., Sun Sunny Li, Pinkham Brian., Chen Hao. The institution-based view as a third leg for a strategy tripod [J]. Academy of Management Perspectives, 2009, 23 (3): 63-81.

水平也存在差异,这给外资企业参与当地商事活动带来了不同的机遇和挑战(Henisz, Delios 2002; Meyer 2001)。外资企业在进入东道国市场建立子公司时,需慎重选择子公司的所有权结构(Delios, Henisz 2000)。具体来说,在制度欠发达的东道国,市场机制难以有效地配置资源,个体和企业进行经济活动经常面临较高的交易成本。由于制度的不完善或不合理安排,当地政府可能过度干预市场,导致市场交易更倾向于遵循人际关系而非公平等价的原则(Hoskisson, Eden, Lau, Wright 2000; Peng 2003)。当东道国的制度环境得以优化时,政府部门的特权将被弱化,公平交易的市场机制将替代来自政府部门的过度干预。由于"新建劣势"[①]和"外来劣势"[②],外资新设子公司在获取当地关键资源和利益相关者支持方面常面临巨大挑战。因此,与东道国国内企业组建国际合资子公司成为外资企业克服这些困难的一种务实的战略选择(Delios, Henisz 2003b; Lu, Xu 2006)。

尽管东道国制度发展水平会影响所有在当地开展商事活动主体的成本和收益,但是许多东道国社会中的合法性评价者对外资企业进入当地市场的接受程度不同。这些合法性评价者包括东道国政府、行政官员、本土供应商(Oliver 1991)和消费者(Kostova, Zaheer 1999)。他们对外资企业形成的信念和心理模式各不相同,且难以在法律和规定中准确地体现出来。这些评价者对外资企业子公司合法性的共同看法会影响外资企业对其子公司所有权结构的决策(Davis 等 2000; Yiu, Makino 2002)。合法性评价者掌握着重要的资源和在当地经营的知识,他们仅愿为获得组织合法性的外资企业子公司提供支持,助其在当地顺利开展经营活动。

[①] Stinchcombe, A. L. Social Structure and Organizations [M] //March, J. P., Ed., Handbook of Organtzatlons, Rand McNally, Chicago, 1965, 142-193.

[②] Zaheer Srilata. Overcoming the liability of foreignness [J]. Acad Manage J, 1995, 38 (2): 341-363. (见第 341 页)

一、东道国制度环境差异与外资企业进入模式选择

新进入东道国的外资企业由于面临新建劣势，需通过获取东道国合法性评价者的经济与社会支持提高其新建子公司的生存概率。然而，由于受有限理性的制约，外资企业管理者很难完全了解东道国市场合法性评价者的认知。因此，外资企业需细心观察已在东道国设立的大部分外资子公司的所有权结构，确定何种所有权结构能够更好地与东道国市场的合法性评价者所持的共享信念和认知模式保持一致。这样做有助于减少在东道国经营时的不确定性（Li, Yang, Yue 2007）。例如，新进入的外资企业可参考已在东道国投资的母国同行所采用的进入模式，即大多数母国企业在东道国所采用的所有权结构，作为新建子公司的所有权结构选择依据（Chan, Makino 2007; Kostova, Zaheer 1999）。同时，也可借鉴已在该东道国开展其他业务的外资企业如何选择进入模式，或借鉴在东道国同行业中利润率最高的外资子公司的所有权结构（Lu 2002）。

合法性评价者对外资企业的认知压力使得外资企业选择相似的所有权进入模式，从而获得更高的合法性。然而，外资企业进入新东道国开展商事活动的最终目的是充分利用自身竞争优势、持续提高企业能力，从而获得更佳的经济收益。因此，面对不同东道国的特定制度环境，外资企业需权衡进入模式选择的经济效益目标与合法性目标，从而实现最优策略。

二、东道国的制度环境与外资企业子公司的绩效水平

各国之间的制度差异直接决定了外资企业在东道国商业活动中的交易成本和转化成本，进而决定了外资子公司在当地取得的绩效水平。母国和东道国之间的制度距离（Eden, Miller 2004）既为外资企业在东道国经营带来了新机遇，也可能导致在母国制度环境下形成的独特优势失效。例如，当外资企业将独特优势转移至海外以寻求扩大规模经济时，常采用人员外派策略。然而，Gaur 等学者（2007）研究显示，当母国与东道国之间制度距离较大时，人员外派对提升东道国子公司劳动生产率的效用会减弱。Brouthers，Brouthers 和 Werner（2008）探讨了不同制度环境下企业如何运用进入模式发挥自身优势。该研究发现母国与东道国之间社会范式差异、法律系统差异和国家风险差异越大，企业因所持有的独特优势而选择独资模式进入东道国的可能性将越低。这一发现证实，综合考虑制度距离与企业资源基础观的模型在预测外资进入模式选择上优于单一使用制度距离或资源基础观的模型。

此外，由于不同东道国存在各自的国家优势或劣势，企业在不同的东道国开展业务时会利用当地的优势，根据东道国制度发展水平，实现经营效益。由于外资企业子公司的绩效直接反映了企业在东道国战略意图的实现效果，子公司的绩效水平及绩效差异是衡量其经营状态的重要指标。Christmann 等学者（1999）发现，尽管行业、外资企业和外资企业子公司的特质对子公司绩效的差异有显著的影响，但东道国特质的影响最为显著。Makino 等学者（2004）进一步指出，东道国与行业差异对子公司绩效的影响同等重要。当子公司位于制度欠发达的东道国时，这些国家特质的影响甚至可能超过母公司和子公司层面特质的影响。

以往关于东道国制度环境对外资企业子公司绩效影响的研究多聚焦于国家制度环境中的经济制度、法律/政府政策、社会文化等方面。Chan 等学者（2008）在研究中提出了一个具有里程碑意义的统一测量方法，该方法综合评估了不同国家在经济、政治和社会制度方面的发展水平，为深入研究东道国制度环境与外资企业绩效之间的关系提供了有效的工具。一般而言，东道国制度发展水平越高，意味着该国市场机制得到了坚实的制度保障，外资企业在进行商事活动时将面临较低的交易成本，从而提高子公司的经营效率。然而，当东道国制度发展到一定水平后，市场准入门槛降低，将吸引大量企业进入，导致外资企业面临更为激烈的市场竞争。而由于当地市场需求的有限，外资企业的绩效水平可能随着竞争的加剧而呈现出先上升后下降的变化。相反的，当东道国制度发展水平逐渐降低时，外资企业面对不明确或缺失的制度规范，需要依靠其制度管理能力来应对。由于不同外资企业所拥有的制度管理能力存在差异，这使得它们在同一东道国内可能产生截然不同的经济效果。此外，在制度环境不明确的东道国，外资企业的战略选择往往呈现出较大的不确定性和试探性，更接近于一种探索性的战略尝试。因此，在制度欠发达的东道国，外资企业子公司的绩效差异可能更为显著。

三、东道国的制度环境与外资企业子公司的后续投资调整

不同东道国的制度环境差异不仅影响外资企业进入模式的选择、经营绩效水平与绩效差异，还将影响外资企业子公司后续投资战略的调整。关于东道国欠发达的制度环境与外资企业在东道国后续投资战略调整关系的研究结论尚未统一。

一部分研究认为，欠发达的制度环境导致较高的不确定性，使得外资企业在后续投资中倾向于减少投资总量，以降低向该国追加投资的速度，并在后续设立子公司时减少对该国的投资承诺（Delios, Henisz 2003a; b; Rivoli, Salorio 1996）。具体而言，在这样的东道国，较高的制度不确定性导致私人部门的产权得不到有效的保护（Zhao 2006）。由于缺乏充足的制度保障，外资企业子公司的知识产权和其他资产遭受公共和私人侵占的风险较高。因此，外资企业很可能降低向该国追加投资的速度，并很可能在后续设立子公司时减少对该国的所有权承诺（Delios, Henisz 2003a; b）。

然而，也有研究指出，在制度欠发达的东道国，外资企业可能出于退出壁垒的考虑而选择扩大投资（Guillén 2003）。得到上述结论的原因在于，尽管制度欠发达的东道国可能带来市场交易的阻碍，但外资企业出于退出壁垒的考虑，可能选择在该国扩大投资。由于东道国市场机制的不完善和市场机遇的匮乏，外资企业一旦决定退出，将面临资产价值被低估、利益相关者关系破裂以及承担劳动赔偿等多重挑战。这些退出壁垒使得外资企业在权衡利弊后，更倾向于通过扩大投资来巩固其在东道国的市场地位。

因此，学者们提出，当东道国外部制度环境风险较高时，外资企业需将其业务内部化，通过扩大子公司所有权份额提高对东道国经营的控制权，以保护子公司日后经营决策的核心能力和重要的资产（Guillén 2003）。尽管现有研究关注了不同国家的制度环境差异对外资企业后续投资战略调整存在影响，但就某一东道国制度环境的差异对外资企业子公司在运营决策层面的影响讨论不足。面对某一东道国的制度环境，外资企业子公司的后续投资战略调整是否受到不同区域制度环境的影响，是一个复杂而有趣的学术问题。

第三节 区域层面营商环境构成

本研究将从制度基础观出发，结合制度理论的经济学和社会组织视角，深入探讨区域营商环境的构成及其对外资企业经营的影响机制。从经济学视角出发，区域营商环境由区域所有个体和组织共同遵守的秩序和协议构成。这些秩序与协议在多大程度上降低个体和组织开展各项活动的成本，提高市场效率、完善信用体系以及促进社会互惠性互动则体现了该区域营商环境发达程度。因此，区域制度的发展水平深刻反映了区域营商环境对在该区域内进行各类活动的个体和组织在成本承担和便利提供方面所产生的影响。这种影响不仅体现在降低运营成本和提升效率上，更在于塑造一个公平、透明且有利于创新的市场环境，为个体和组织的持续发展创造有利条件。另一方面，从社会组织视角出发，区域营商环境蕴含针对不同群体的共享认知和心理模式，这些模式虽然具有隐蔽性，却对新进入市场的群体产生深远影响。由于新进入区域的个体和组织往往难以直接通过明确的制度规则全面了解这类制度环境，它们需要通过观察已经在该区域成功存活的其他同类群体成员的制度化行为和决策，逐渐了解和适应这种特殊的制度环境要素。因此，区域营商环境的另一个重要构成维度便是当地合法性评价者对外资企业的认知。这些评价者基于自身的经验和认知，对外资企业形成了一致的看法和态度，这些看法和态度在很大程度上影响着外资企业在当地市场的经营策略和发展前景。

一、区域制度发展水平的测量

制度不仅因国而异，在一国的各区域间也存在显著的差异。这种差异源于历史、地理、文化等多重因素的交互作用，使得各区域形成了独特的社会价值观、道德规范和传统习惯。同时，各区域政府与法律体系在执行国家政策、法律、规定时，也会因本地社会结构的特征而展现出不同的执行方式和效果。在世界范围内，大多数国家拥有多个行政区域，这些区域在吸引外商直接投资方面展现出显著的总量和结构差异（Du, Lu, Tao 2008；Oi 1992；Walder 1995）。这种差异很大程度上源于各区域政府对市场结构和政治结构的塑造能力。地方政府通过制定政策、执行监管以及推动地方特色产业的发展，为当地市场创造不同的经济环境和商业机会（Nachum 2000）。此外，各区域的个体与组织在长期的经济和社会交换中形成了特定的文化传统，不仅影响着当地社会的稳定，也塑造着在该区域内个人和组织的互动模式。这种互动模式进一步影响着企业的运营策略和市场行为，使得企业的经营活动在不同区域间呈现出各自的特征和趋势。

区域层面的营商环境是指特定区域社会所遵循的游戏规则。它明确了在特定地域和社会范围内经济、政治和社会活动的模式，并为个人和组织的活动及互动形式赋予意义。基于制度理论框架，区域的营商环境发展水平可以具体表现在区域经济制度、政治制度和社会制度三个维度上。区域制度环境发展水平越高，意味着该区域的营商环境越能有效地支持市场主体在当地开展公平的市场交易活动，政策环境稳定且透明，社会成员之间基于非人际关系的信任程度高，互惠性社会交换更为频繁。区域营商环境在上述三方面的差异导致外资企业子公司在当地开展商事活动承担不同程度的风险和成本，进而影响其市场进入模式的选择、绩效的获得以及后续的战略调整。以中国内地市场各行政区域为例,由于各地方政府以不同的程度、方式和速度实施改革政策,各区域营商环境的发展程度存在显著差异(Nee 1992),成为外资企业在各区域市场开展经济活动、获得不同绩效水平和采取差异化战略调整的重要原因(胡少东 2010;王根蓓,赵晶,王馨仪 2010)。

具体而言,区域的经济制度发展水平主要体现在市场机制在资源配置中的作用能否得到有效发挥。其中,信息公开与透明程度是市场机制有效运作的关键,它直接影响到经济活动的公平性和有效性。同时,配套基础设施对于市场经济活动的顺利进行也至关重要。此外,区域整体科技发展情况也是衡量制度发展水平的重要指标,它为经营活动提供必要的知识和技术支持。在一个经济制度发展较为完善的区域,往往拥有较多的信息中介机构,如会计和法律顾问、实体分销公司和服务代理商等。这些中介机构在要素市场和产品市场之间发挥着重要的链接作用(Anand, Subrahmanyam 2008; McEvily, Zaheer 1999),不仅为外资企业收集和传播当地市场信息(Amin 1999; Morgan 1997),还能够帮助外资企业解读和适应当地的政策环境(Khanna, Palepu 1997; 2000)。通过这些中介机构,外资企业可以更高效地获取当地信息和专业服务,从而降低外来者信息劣势的困扰,更好地融入当地市场。

区域经济制度发展水平还体现在当地的基础设施建设情况,包括区域性的金融机构数量、区域技术团队的发展(Cooke, Gomez Uranga, Etxebarria 1997; Liu, Li 2006)以及其他公共服务机构。作为区域金融机构的核心组成部分,银行系统在区域经济中扮演着企业外部资金市场的角色。它为在当地经营的市场主体提供关键的资本支持(Liu, Li 2006),使得这些企业能够更好地实现自身的发展目标。一个发达的银行体系不仅能够有效替代企业内部资金,还能够将社会金融资本精准地分配给那些具有高效生产能力的经济实体,从而确保那些高效但资金短缺的企业得到必要的资金支持,推动整个区域经济的健康发展。与此同时,先进的技术,特别是那些已经实现本地化的技术和专利,为外资企业在本地市场提供了强大的竞争优势。这些技术不仅能够减少外资企业在开发适合本土需求产品时面临的不确定性（Von Zedtwitz, Gassmann 2002）,还降低了外资企业获得本地优势技术的成本（Li 2004；Nachum 2000）,通过利用这些先进技术,外资企业能够更好地适应本地市场需求,削弱其作为外来者在本地市场经营时可能面临的技术标准冲突。

区域政治制度发展水平直接反映在当地的发展政策、法律框架、政府机构的运作效率以及它们所制定的政策和执行活动上（Nachum 2000；Nee 1992；Zhou 等 2002）。由于治理传统和治理能力的差异（Ram, Pietro 2003；Walder 1995）,各地方政府和政治组织会针对经济活动制定和执行不同的经济政策,从而形成了多样化的治理环境。这种差异具体体现在独立执法机构的效率、当地政府行政透明度以及经济政策对外资投资活动的友好程度等方面（Amin 1999；Du 等 2008；Fujita, Hu 2001）。高效的执法机构能够有效保护个体和组织的财产权,确保合同的有效执行,维护市场交易的公平性（Acemoglu, Johnson, Robinson, Thaicharoen 2003）。这种执法力度有助于减少市场中的机会主义行为,降低企业运营成本,提高市场活动的整体效率。廉洁的政治行为对于维护市场机制的正常运作至关重要,它有助于减少政府寻租行为,防止市场资源的错配和浪费。在这样的政治制度环境中,外资企业的交易和转型成本相对较低,能够更加高效地开展业务。当区域政府对市场活动的干预保持在合理范围内时,政府更多地是为市场资源配置提供必要的保障手段,而非过度干预。优惠的投资政策能够降低地方保护主义的影响,为外资企业提供更加公平的市场竞争环境（Montinola, Qian, Weingast 1995）,尊重市场机制发挥作用（Du 等 2008）。这种环境有助于外资企业扩大商业网络,增加其在东道国获得市场资源和机会的可能性。同时,政府对收益再分配进行合理征税,能够减轻外资企业子公司的财务负担,提高其盈利水平,进一步促进其在当地的可持续发展。

区域社会制度是特定社会范围内个体和组织长期社会交换的产物，它涵盖了人际信任程度、社会稳定程度和社会价值观等多个方面（Storper 2005）。这种社会制度结构根植于历史传统之中（Ram，Pietro 2003），深刻影响着社会个体及组织之间的互动模式（Putnam 1993）。由于经济结构、历史和地理位置的差异，社会制度在国家不同区域间呈现出明显的多样性，影响着不同区域内个体和组织之间的互动方式。在特定区域内，区域社会制度的构建往往基于亲缘关系等传统文化因素，而在其他地区，社会制度的信任基础则更多地依赖于诚信机制等现代社会规范（龙西安 2003）。在后一类社会中，社会成员之间的高度信任促进了社会个体和组织间的自愿互动和互惠行为，为区域经济发展提供了有力的社会支持。此外，一个稳定的社会制度环境不仅有助于激发创新活动，推动经济稳定增长，还能够为吸引外资企业在当地开展商事活动创造有利条件（胡少东，徐宗玲，李非 2011）。

基于区域间经济、政治、社会制度的显著差异，外资企业在不同区域的营商环境中所面临的合法性评价也呈现出明显的差异。一些区域由于特定的政治经济体制，可能更倾向于接受外资以独资形式进入当地市场；而其他区域则可能更偏好以国际合资形式开展商事活动，这往往源于各区域独特的社会文化背景和利益分配机制。这种认知层面的制度差异，在外资企业初次进入东道国区域市场时，对其决策产生更加显著影响。外资企业为实现其战略目标，在初步进入不同区域市场时，需深入识别当地利益相关者对于外资企业所有权结构特征的偏好和态度。这种识别过程有助于外资企业更准确地把握当地市场的潜在风险，从而选择当地利益相关者更易接受的进入模式。然而，随着时间的推移，外资企业在当地市场逐渐积累了丰富的经验，与区域利益相关者的互动日益加深，对区域制度环境的了解也日趋完善。因此，由认知层面制度压力所带来的影响将逐渐减弱。基于制度理论的研究指出，认知层面的制度压力对个体和组织战略决策的影响主要出现在外资企业对当地制度环境缺乏深入的了解、当地缺少明确的制度规范以及制度环境不友好等情境下。随着对当地经济社会活动的经验积累，子公司与区域利益相关者的互动增加，外资企业对区域制度环境的了解增多，区域制度为外资企业带来的不确定性将减弱。因此，区域合法性评价者关于外资企业认知制度的差异，仅对外资企业进入模式选择产生影响。本书将重点探讨区域层面合法性评价者对外资企业形成的认知制度对新进入当地市场的外资企业选择国际合资子公司或独资子公司之间选择的影响。

二、区域合法性评价者对外资企业的认知

区域合法性评价者对外资企业的认知在缺乏明确成文的规范时，起到弥补制度缺失的作用，它们通过共享的信念和心理模式指导外资企业在当地市场的行为。合法性评价者将具有相似特征的组织视为一个拥有相同社会身份的群体，并对这些群体中的成员进行评价，为成员的战略行为赋予意义（Fiegenbaum，Thomas 1995）。作为外来组织，外资企业通常被区域合法性评价者划分为拥有共同社会身份的群体，这种身份认同不仅影响外资企业在当地的形象和声誉，还直接关系到其市场进入策略的选择和实施。外资企业在多大程度上能够在区域市场开展自主经营活动并获得利润，很大程度上取决于合法性评价者对其独立参与市场经济活动权利的认可程度。这种认可度越高，外资企业越有可能以独资形式经营，享受更大的经营自主权。合法性评价者若认为外资独资子公司能够更有效地将先进技术引入本地市场，通过技术溢出效应推动当地产业升级和技术进步，为区域经济发展注入新动力，那么外资企业就能以独资形式顺利进入市场，拥有与本土企业相同的独立经营权，不再受到"外来劣势"的制约。例如，合法性评价者认为外资独资子公司能更利于外资企业将前沿的技术引入本地市场，通过溢出效应带动当地的技术升级、提高区域劳动力的技术水平、为区域经济发展带来活力。相反的，若合法性评价者认为外资独资形式可能给当地企业带来激烈竞争或对资源和环境造成负面影响，他们可

51

能倾向于要求外资企业与本土企业建立国际合资子公司。因此，某区域其他外资企业普遍采用独资或合资形式建立子公司则表明当地的合法性评价者对外资企业的社会身份具有较高或较低的认同感和接受度。其他外资企业普遍采用的进入模式，成为体现当地合法性评价者关于外资企业共同认知的具体指标，降低外资企业了解本区域合法性评价者认知制度的难度。新进入的外资企业可以通过观察这些同构行为，判断其进入模式选择是否符合当地市场的期待和要求，从而有效地克服外来劣势。

第四节 企业行为理论

Cyert 和 March（1963）提出的企业行为理论认为，在有限理性的背景下，即企业在决策时受到信息、认知能力和资源等方面的限制，企业战略决策主要是为了满足股东及利益相关者设定的企业整体经济产出目标。[1]为了实现这一目标，企业会不断比较实际绩效与目标绩效之间的差异，并根据这些差异调整内部资源配置。该理论强调，企业整体产出不仅是企业运营的结果，更是预测和指导企业战略决策的重要依据。企业基于整体经济产出目标，从自身和同类组织的成败经验中学习，分析哪些因素可能推动或阻碍目标的实现，并据此调整战略。在设定绩效目标时，企业股东和利益相关者通常会参考企业自身以往取得的绩效（即历史期望水平）以及同类企业的平均绩效（即社会期望水平）。当企业实际整体绩效低于历史或社会期望水平时，管理者会接收到负向绩效反馈，这通常意味着企业当前的经营策略未能达到既定的目标，需要进行战略调整。相反，当实际绩效高于期望水平时，管理者获得正向绩效反馈，这表明当前的经营策略是有效的。在上述绩效反馈的指导下，管理者会重新分配资源，调整战略，

---

[1] Cyert R. M., March J. G. A Behavioral Theory of The Firm [M]. Englewood Cliffs, NJ: Prentice-Hall., 1963.

以适应股东与利益相关者提出的更高期望水平。然而，关于企业应如何根据绩效反馈进行战略调整，特别是应开展冒险型还是风险规避型战略调整在学术界一直存在争议。

一些学者在企业行为理论的基础上结合展望理论（prospect theory），①提出负向绩效反馈不仅为企业经营者发起预警，表明当前战略可能无效，而且能够激发企业开展风险较高的问题性搜索（problemistic search）。这种搜索过程彻底改变了资源分配，以应对企业的低绩效困境。学者们认为负向绩效反馈是激发企业采取冒险战略的重要原因（Bromiley 1991；Singh 1986）。例如，获得负向绩效反馈的企业将资源集中用于新技术的研发（Wiseman, Bromiley 1996），或新产品的推出，以寻找新的客户和盈利增长点。此外，负向绩效反馈还可能推动企业寻求新的资源，实现核心能力结构的多元化（Audia, Greve 2006）。Iyer 和 Miller（2008）的研究进一步发现，负向绩效反馈会增加企业并购交易的数量，因为并购能够为企业快速寻找新的机遇。

正向绩效反馈则表明企业当前的战略活动是有效的，这可能会激发企业进行风险较高的冗余性搜索，以满足股东与利益相关者更高的期望水平。获得正向绩效反馈的企业，由于已经实现了事先设定的期望水平，拥有更多的时间和资源采取风险属性较高的战略决策。例如，Xu, Zhou 和 Du（2019）以中国上市企业的面板数据为样本，发现取得正向绩效反馈后，企业会增加研发投入，以寻求长期增长和发展的机会。

另有学者将企业行为理论与威胁僵化理论（threat-rigidity）相结合，提出当企业面临负向绩效反馈时，管理者可能会采取保守和谨慎的战略响应，以减少组织变动。例如，Grinyer, Mayes 和 McKiernan（1990）的研究发现，负向绩效反馈促使企业在所有权、产品质量以及市场营销等常规经营活动中进行改进，以恢复绩效。Greve（2011）则发现，负向绩效反馈可

---

① Kahneman Daniel, Tversky Amos. Prospect theory: An analysis of decision under risk [J]. Econometrica, 1979, 47 (2): 263-291.

能导致小型企业采取风险规避的变革策略，如并购相关度较高的业务单元，以降低企业资源的异质性和整合成本。相反，当企业得到正向绩效反馈时，由于已经实现了期望水平，管理者可能缺乏动力去改变现有的成功路径。因此，正向绩效反馈可能加深企业的路径依赖和组织固化，减少冒险战略的探索（Greve 1998）。例如，Audia, Locke 和 Smith（2000）的研究发现，企业以往的成功可能导致决策者倾向于复制过去的战略行为，而非采取冒险战略，避免破坏已经取得的成就。同样，Audia 和 Greve（2006）也发现，当船舶生产企业的绩效达到期望水平后，可能会选择缩减企业规模。针对这些看似矛盾的结论，学者们进一步深入剖析了绩效反馈与企业选择不同风险属性战略组合的关系，探讨了不同类型绩效反馈的战略风险启示，以及战略重心与管理者决策特征对上述关系的作用。

一、企业冒险战略与风险规避战略决策组合

在讨论企业绩效反馈与企业不同风险属性的战略决策响应关系时，将冒险战略与风险规避战略视为相互对立的战略响应，这在一定程度上导致以往研究结论的不一致。然而，企业管理者可以将风险属性不同的多种战略作为多种战略决策组合，从而更加灵活地应对市场变化和不同的绩效反馈。例如，Baum 和 Dahlin（2007）的研究发现，当企业实际绩效与期望水平持平时，企业倾向于开展风险属性较低的资源利用活动，而在实际绩效与期望水平存在显著差距时，企业则可能更倾向采取风险属性较高的资源探索活动。与此相反，Kuusela, Keil 和 Maula（2016）以信息和通信技术行业企业为研究对象，探讨了绩效反馈对风险较高的并购活动和风险较低的撤资活动的协同影响。他们发现，当企业的实际绩效接近期望水平时，管理者可能倾向于增加耗费资源的并购活动以扩大规模；而当实际绩效距离期望水平增大时，他们则可能选择通过释放资源的撤资活动来优化资源配置。这些研究均表明，企业绩效反馈对战略决策的影响是复杂而多样的，需要综合考虑多种风险属性的战略组合。

二、不同绩效反馈对企业风险战略响应的影响差异

绩效反馈对企业选择不同风险属性战略决策的影响之所以存在多种结论，很大程度上源于不同类型的期望水平给企业带来的不同战略启示。历史期望水平主要反映了企业基于自身特有能力"能够"实现的绩效目标，而社会期望水平则体现了企业与同类企业相比"应该"实现的绩效目标。Baum，Rowley，Shipilov 和 Chuang（2005）以银行企业为样本的研究发现，当企业面临较低的负向历史绩效反馈或社会绩效反馈时，为了摆脱困境，它们更倾向于寻找不熟悉的合作方来解决问题，因为这些合作方可能带来新的视角和资源，从而帮助企业突破原有的局限。这种策略虽然带有一定的风险性，但也可能带来更大的创新机会。当历史绩效反馈和社会绩效反馈存在冲突时，企业为了平衡内外部期望水平，往往倾向于尝试冒险战略，通过寻找不熟悉的合作方来应对低绩效的困境。与此类似，Lv，Chen，Zhu 和 Lan（2019）的研究进一步探讨了企业历史绩效反馈和社会绩效反馈的冲突对企业研发投入的影响。他们发现，当这两种绩效反馈不一致时，企业往往会推迟研发投入决策，因为管理层需要在满足历史期望水平和符合社会期望水平之间做出权衡。特别是对于家族企业而言，这种绩效反馈的不一致对其研发投资的负向影响更为显著，因为家族企业通常更加注重维护社会声誉和家族利益。Kim 等学者（2015）的研究则深入分析了历史并购绩效反馈和社会并购绩效反馈对企业后续并购战略决策的影响。他们发现，正向历史并购绩效反馈虽然能提升企业的信心，但对并购活动频率的正向影响相对较小；而负向历史并购绩效反馈可能使企业更加谨慎地评估并购机会。相比之下，正向社会并购绩效反馈对企业并购活动频率的正向影响更大，因为这往往能带来更高的市场认可和资源支持；而负向社会并购绩效反馈可能导致企业在并购市场上受到冷落。这些研究共同揭示了绩效反馈对企业战略决策影响的复杂性。

在实践中，企业面临着多个可比较的同类组织，战略决策者会根据不

同群体来确定多个社会期望水平（Fiegenbaum，Thomas 1995）。这些不同的社会期望水平为企业带来了多种社会绩效反馈，进而影响其选择不同风险属性的战略决策。例如，Kacperczyk，Beckman和Moliterno（2014）以基金经理管理的基金产品为研究对象，发现基金经理会将自己所管理的基金产品作为内部社会期望水平，而将市场上其他基金产品作为外部社会期望水平。当基金经理所管理的单支基金产品获得负向内部社会绩效反馈或正向外部社会绩效反馈时，他们更倾向于采取冒险性投资决策。

然而，从管理实践出发，管理者通常不会在现实中同时关注所有的期望水平。相反，他们会根据自身实际绩效情况，在特定期间内仅关注一个与实际绩效距离最近的期望水平。在实现该期望水平后，他们可能转而关注另一个期望水平（Hu，Blettner，Bettis 2011）。Bromiley和Harris（2014）指出，将历史期望水平和社会期望水平分开讨论可能给管理者的实际战略决策带来困扰。为了克服这一问题，在探讨企业绩效反馈与风险战略决策时，应将历史绩效反馈与社会绩效反馈结合起来。Moliterno等学者（2014）的研究提出了组织管理者协调历史绩效和多个参照组绩效关系的思路。这一思路强调了在制定战略决策时，管理者需要综合考虑历史绩效反馈和社会绩效反馈，从而找到最佳的平衡点。通过协调这两种绩效反馈，企业可以更加准确地评估自身的能力和竞争地位的变化，从而制定出更为合理和有效的战略。该研究选取德国橄榄球联盟排名和积分作为样本，深入探讨了联盟赛事中各队排名成绩的绩效反馈与队伍采取冒险型变革之间的关系。研究结果显示，根据各类社会期望水平所取得的社会绩效反馈与组织变革之间存在着明显的负向关系。换言之，随着队伍获得的社会绩效反馈水平逐渐提升，组织倾向于减少或停止实施冒险型变革。

三、企业战略重心与管理者决策特征的调节作用

在探讨企业绩效反馈对其冒险型战略变革或风险规避型战略响应的影响时，企业不同的战略重心起到显著的调节作用。Han等学者（2017）的

研究发现，当企业战略重心倾向于价值攫取活动时，随着正向绩效反馈的提高，企业管理者将充分利用现有资源和能力，采取冒险型战略响应；而在负向绩效反馈降低的情况下，为了探索新的经营机遇，他们同样可能采取冒险型战略响应。另一些研究关注企业管理者决策在企业风险战略决策中起到的重要作用，认为忽视企业管理者决策特征差异带来的调节作用是导致无法明确二者之间关系的一个原因。Schumacher 等学者（2020）通过实验方法探讨了企业管理者过度自信如何影响其对绩效反馈理解的偏差，进而引起战略决策风险偏好的差异。结果表明，过度自信的 CEO 在面对不同绩效反馈时，其战略决策风险偏好存在显著差异。在负向绩效反馈下，他们可能表现得更为悲观，倾向于选择风险较低的决策；而在正向绩效反馈下，他们则可能更为乐观，倾向于选择风险较高的战略。当企业实际绩效濒临破产边缘时，这种冒险倾向会进一步加剧。Cheng, Xie, Fang 和 Mei（2022）的研究则进一步强调了企业监管有效性对绩效反馈与风险战略决策之间关系的调节作用。他们发现，负向绩效反馈会推动企业管理者增加对价值创造和价值攫取活动的投入。然而，正向绩效反馈与企业价值创造活动投入之间则呈现出倒 U 形的关系。重要的是，企业董事会的独立性和媒体监督在这一关系中发挥着关键作用，它们能够削弱企业实施冒险战略的意图，进而调节正向绩效反馈与价值创造活动投入之间的倒 U 形关系。

四、基于企业行为理论的企业国际化战略

传统的国际商务理论认为，绩效水平的高低是企业后续是否追加对东道国子公司所有权承诺的重要指标（Johanson, Vahlne 1977）。绩效水平较低通常反映企业在东道国的经营不善，因此企业决策者倾向于减少对东道国子公司的所有权承诺（Schmid, Morschett 2020），甚至可能选择退出市场，规避风险（Tan, Sousa 2018）。

与传统理论不同，企业行为理论为诠释企业国际化战略的动因提供了独特的视角。该理论认为，企业国际化战略决策的根本原因是企业管理者需实现股东与利益相关者预设的绩效期望水平（Surdu，Greve，Benito 2021）。企业管理者通过对比企业实际绩效与期望水平之间的差异，评估当前经营状况，并将国际化战略视为企业投入不同水平的组织资源，在东道国搜索新机遇的过程。与以往探讨企业绩效反馈对其冒险战略或风险规避战略选择影响的研究相似，现有的关于企业绩效反馈与企业国际化战略选择关系的研究未能得到一致结论。这种不一致性可能源于不同研究对绩效反馈的度量方式、样本选择或理论框架的差异。

有研究探讨了绩效反馈对企业是否开展对外直接投资以及投资规模的影响（Jiang，Holburn 2018；Ref，Feldman，Iyer，Shapira 2021；Xie，Huang，Stevens，Lebedev 2019）。有研究认为，企业绩效反馈与企业对外投资的速度、范围及频次之间并无显著的关联。Lin（2014）发现绩效反馈对企业对外直接投资的负向影响仅在企业的冗余资源较多时才显著。得到负向历史和社会绩效反馈的企业将随着拥有的冗余资源增多，加快对外投资的速度和范围，但将减少投资的频率。然而，其他学者发现了绩效反馈与对外直接投资决策之间的非线性关系。例如，Jiang 和 Holburn（2018）的研究表明，当企业的实际绩效接近历史和社会期望水平时，其对外投资的意愿会显著增强。通过对 299 个日本机械公司在 1976-2002 年期间是否进入海外新市场的战略决策进行分析，他们发现那些获得负向绩效反馈的企业更有可能选择进入与已投资东道国文化和地理距离相近的新市场。Ref 等学者（2021）的研究则进一步扩展了对这一关系的诠释。他们基于 243 个美国上市企业进入国外新市场的样本，发现企业的负向和正向历史绩效反馈与其是否进入新的国外市场之间呈现出倒 U 型关系。这种非线性关系还受到企业所在行业增长率的影响。在低增长率行业中，随着绩效反馈由负转正，企业进入国外新市场的可能性会先上升后下降；相反，那些获得正向绩效反馈的企业，随着绩效的进一步提升，选择进入新市场的可能性会逐渐降低。此外，还有学者指出历史与社会绩效反馈在影响企业对外直接投资决策时存在不同。Xie 等学者（2019）通过研究 876 家中国上市企业在海外新建子公司的数量，发现尽管负向社会绩效反馈和负向历史绩效反馈均会对企业的对外直接投资水平产生影响，但前者的影响更为显著。正向的社会绩效反馈会提升企业的对外直接投资水平，而正向的历史绩效反馈则可能抑制其对外直接投资。当历史绩效反馈与社会绩效反馈出现冲突时，由于绩效状态的不确定性，企业往往会减少对外直接投资的水平。

此外，学者们对企业绩效反馈与企业贸易活动及内部运营活动之间的关系也进行了深入研究。Dong 等学者（2021）通过对中国 1156 家上市私有制造业企业在 2008-2017 年间的出口强度进行研究，发现正向绩效反馈与企业的出口强度存在负向关系，而负向绩效反馈则对出口强度无显著影响。尤其当企业政治关联度较高时，负向绩效反馈的下降反而有助于提升企业的出口强度。而 Klueter & Monteiro（2017）的定性研究则聚焦于跨国公司绩效反馈对其内部知识搜索活动的影响。他们指出，跨国企业之所以开展内部技术跨边界合作，一个重要原因是其绩效远低于期望水平。为了弥补这一绩效差距，跨国企业技术专员可能会进行内部跨业务单元的知识搜索活动，进而构建新的内部跨界搜寻组织。然而，当跨国公司的负向绩效反馈过大时，技术专员可能会避免跨越国界寻找新知识，以降低因新知识与现有企业资源差异过大而带来的风险。

一些研究还关注了外资企业子公司绩效反馈与其后续投资决策，以及内部战略调整决策的关系（Chung 等 2010）。Deng 等学者（2021）的研究发现，外资企业独资子公司的历史绩效反馈和社会绩效反馈（基于子公司所在的中国行业均值）对其是否投资其他国家具有一致的影响。具体而言，外资企业独资子公司面临的负向绩效反馈越小，其对外投资的倾向就越强。此外，当外资企业来源国制度与中国市场制度存在较大差异时，负向绩效反馈的减少将促使外资企业子公司更加积极地对外投资，并选择制度环境相似的东道国作为投资目的地。

尽管已有研究涉及了外资企业子公司绩效反馈与其在东道国区域后续

投资战略调整之间的关系，但这一领域仍需要进一步深入研究和探讨。外资企业子公司对东道国市场拥有更为具体和详实的了解，能够根据绩效反馈调整生产活动的投入。当外资企业子公司的实际绩效低于或高于期望水平时，子公司管理者可以根据所处的区域营商环境灵活调整对当地生产投入的规模，特别是针对资产专用性较强的固定资产投入进行相应调整。这一领域的研究将有助于我们更全面地理解外资企业子公司在不同绩效反馈状况下的战略决策行为。

第五节　研究目的与研究框架

如前文所述，由于区域经济、政治和社会制度发展水平以及区域合法性评价者对外资企业的认知均存在差异，外资企业在东道国不同区域经营将面对不同的机遇和挑战，从而影响其战略决策和绩效水平。本书为了诠释区域营商环境对外资企业的上述影响，深入探讨背后的影响机制。首先，本书将剖析区域营商环境的多个构成维度，包括经济自由度、政治稳定性、社会制度发展水平等，并探讨这些维度如何影响外资企业的战略选择。其次，基于该区域营商环境框架，本书将综合考虑区域营商环境各维度的特性，探讨外资企业如何根据区域制度发展水平和合法性评价者的认知，在国际合资和独资形式所有权结构进入模式之间做出选择。第三，比较外资企业面对不同的区域制度发展水平和各区域合法性评价者对自身的认知，将如何选择进入模式。接下来，针对区域营商环境的经济、政治和社会制度发展水平，本研究将分析外资企业子公司在多大程度上能够实现较高水平的盈利，并进一步探讨其资源利用效率、市场适应能力等因素如何影响其与本区域其他企业绩效水平之间的差异。最后，结合上述结论，本书将进一步探讨区域制度发展水平与绩效反馈如何共同影响外资企业子公司对后续生产性资产投入的战略调整，特别关注其战略调整的风险属性。

　　本书将中国内地各省级区域作为分析的基本单元，依据经济、政治和社会制度发展水平这一核心基础，深入测量各区域营商环境的实际发展状况。基于该测量框架，本书将进一步探讨外资企业在进入中国市场的过程中，如何根据各地的经济、政治和社会制度发展水平，在国际合资与独资两种所有权结构进入模式间进行权衡与选择。同时，本书还将对比分析外资企业在面对不同区域制度环境发展水平以及各区域合法性评价者的认知差异时，如何确定其市场进入策略。此外，本书针对区域营商环境的经济、政治和社会制度发展水平，深入剖析外资企业子公司在这些环境中所能达到的盈利水平，并进一步检验它们与本区域其他企业在绩效水平上存在的差异程度。最后，本书还将依据区域营商环境的发展水平，以及外资企业所获得的历史和社会绩效反馈，检验这些企业在后续经营中是否会根据实际情况增加或缩减在该区域的生产投资，从而全面揭示区域制度环境与外资企业经营策略之间的内在联系。

　　图3-1展示了以往理论的论述以及本书将要探讨的研究问题及研究框架。

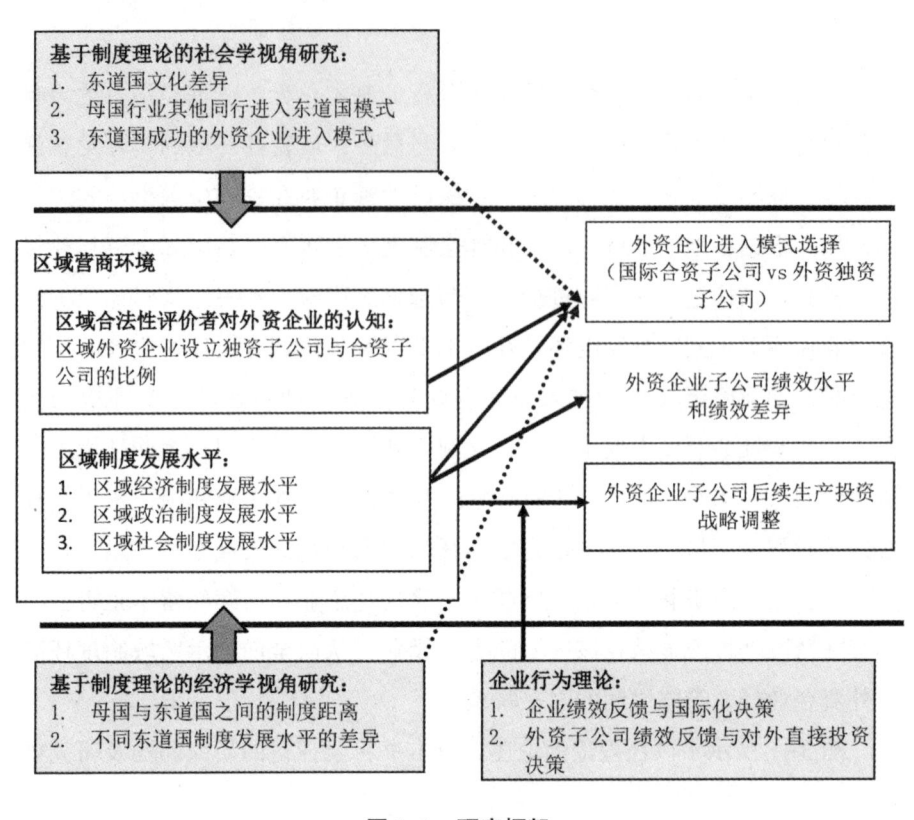

```
┌─────────────────────────────────────┐
│ 基于制度理论的社会学视角研究：          │
│ 1. 东道国文化差异                    │
│ 2. 母国行业其他同行进入东道国模式      │
│ 3. 东道国成功的外资企业进入模式        │
└─────────────────────────────────────┘
              ⬇
┌───────────────────────────────────┐     ┌──────────────────┐
│ 区域营商环境                       │     │ 外资企业进入模式选择 │
│ ┌─────────────────────────────┐   │     │（国际合资子公司 vs │
│ │ 区域合法性评价者对外资企业的认知： │   │     │ 外资独资子公司）   │
│ │ 区域外资企业设立独资子公司与合资 │   │     └──────────────────┘
│ │ 子公司的比例                  │   │     ┌──────────────────┐
│ └─────────────────────────────┘   │     │ 外资企业子公司绩效水平│
│ ┌─────────────────────────────┐   │     │ 和绩效差异          │
│ │ 区域制度发展水平：            │   │     └──────────────────┘
│ │ 1. 区域经济制度发展水平        │   │     ┌──────────────────┐
│ │ 2. 区域政治制度发展水平        │   │     │ 外资企业子公司后续生 │
│ │ 3. 区域社会制度发展水平        │   │     │ 产投资战略调整      │
│ └─────────────────────────────┘   │     └──────────────────┘
└───────────────────────────────────┘
              ⬆
┌─────────────────────────────────┐   ┌─────────────────────────┐
│ 基于制度理论的经济学视角研究：      │   │ 企业行为理论：            │
│ 1. 母国与东道国之间的制度距离      │   │ 1. 企业绩效反馈与国际化决策 │
│ 2. 不同东道国制度发展水平的差异    │   │ 2. 外资子公司绩效反馈与对外 │
│                                 │   │    直接投资决策           │
└─────────────────────────────────┘   └─────────────────────────┘
```

图 3-1　研究框架

注：

1. 虚线箭头代表现有研究已检验的变量关系

2. 实线箭头代表本书即将检验的变量关系

3. 粗箭头代表基于理论框架延伸到本书的核心概念测量

第四章

研究方法

第一节 数据来源

本书以中国市场为背景，探讨区域营商环境的优化与影响。首先，自1979年改革开放以来，中国的制度环境发生了巨大转变，各地方政府也在实施改革开放的过程中不断尝试多种方法，促进整体营商环境向"亲市场机制"的方向转变。因此，相较于发达国家的制度环境，发展中国家，尤其是处于市场经济转型阶段的发展中国家，拥有不断完善和变动的营商环境，对外资企业战略实施和绩效的影响更为显著。[1] 其次，中国各区域市场呈现出明显的异质性。各地方政府不仅在执行中央提出的经济政策和改革措施方面表现出方式和进度上的差异，个别地方政府还在制定区域特色政策方面采取了具有排他性的地方保护政策。因此，不同的地区为企业在当地开展业务活动带来显著不同的机遇和挑战。第三，OECD组织公布的数据显示，进入二十一世纪以来，中国一直是世界上吸引外商直接投资最多的转型经济体。外资企业以占中国内地十分之一的总资产投入，创造出五分之一的税收增值，四分之一的产值和销售收入，以及三分之一的经济

---

[1] Hoskisson R. E., Eden L., Lau C. M., Wright M. Strategy in emerging economies [J]. Acad Manage J, 2000, 43 (3): 249-267.

利润。① 由于外国直接投资在中国内地的分布范围广，行业跨度大，因此本书能够获得充足且多行业的外资企业样本。

本书中的外资企业子公司的基本信息和财务数据源自中国国家统计局年度工业企业调查数据库，而区域层面的数据来自国家统计局、检察机关、各级政府和社会组织发布的多个公开数据库。选择2000年作为起始年份的原因如下。首先，亚洲绝大部分经济体经历了1997至1999年间的亚洲金融危机，各国政府也因此开始大幅度调整和完善营商环境与招商引资政策。本次危机导致外国投资者对该地区的投资信心下降。据《欧洲货币国家风险评估》显示，② 1997年年底时，亚洲主要经济体的信用评级已出现大幅下降。尽管中国内地市场并没有像该地区其他经济体那样受到危机的严重影响，但外商在中国内地市场的投资活动仍然出现了大幅下降。中国的外商直接投资净值从1997年的416.7亿美元下降到1999年的369.8亿美元。从1999年年中开始，亚洲地区各国的经济才开始复苏。因此，选择2000年作为起始年份，可以控制亚洲金融危机对该地区各经济体经济总量的影响，并有效降低分析结果的误差。随着亚洲金融危机负面影响的褪去。2000年以后，亚洲经济从整体上得到了恢复，中国内地市场获得的外国直接投资净值也大幅度增加（见图4-1）。

---

① 江小涓，李蕊. FDI对中国工业增长和技术进步的贡献 [J]. 中国工业经济，2002，(7)：5-16.
② Radelet Steven, Sachs Jeffrey. The onset of the East Asian financial crisis [M] //Paul Krugman editor. Currency Crises. Chicago：University of Chicago Press, 2000：105-162.

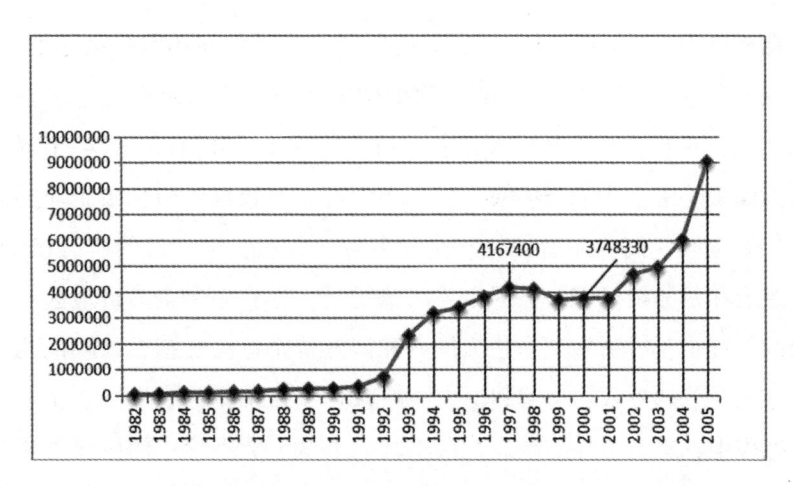

图 4-1　中国接收外商直接投资净额变化趋势（单位：万美元）

其次，中国内地市场开放的程度自 2000 年起逐年提高。为加入世界贸易组织（WTO），政府自 1997 年以来与世界贸易组织成员达成了多项贸易协议，外资企业进入中国内地市场的便利程度不断改善。2000 年底，中国与美国和欧盟等国签订了双边贸易协定，进一步促进了经济合作和贸易自由化。这些贸易协定的签署激发了外国投资者对中国市场的兴趣。外资企业看到了中国庞大的消费市场和制造业发展实力，纷纷进入中国内地开展商事业务。政府根据协定的要求，逐步放宽了外资企业在金融、制造业、服务业等众多领域的市场准入条件，为外资企业提供更多的准入机会。同时，随着各级政府积极推动执行各项协定，中国各区域的营商环境得到了显著的改善和优化。政府加大了对知识产权保护的力度，加强了法制建设，减少了行政审批流程，降低了进入门槛。这些改革举措为外资企业提供了更加友好的营商环境，吸引了更多的投资者和企业家来到中国投资和创业。

一、外资企业子公司数据

外资企业子公司的数据来自中国国家统计局的年度工业企业数据库。

该数据库自 1998 年开始发布调查数据,并在随后的每年都提供年度报告。该数据库收录了中国 31 个区域(除中国的香港、澳门和台湾地区)年销售额超过 500 万元人民币的所有本土和外资企业子公司。[①] 表 4-1 提供了该数据库中外资企业子公司的地理分布情况。该数据库包括了企业的识别信息,如注册代码、注册区位、企业名称、行业、设立时的所有权结构、员工规模和财务指标等。根据相关法律规定,来自中国港澳台地区和其他国家的外资企业适用于《中华人民共和国外资企业法实施细则》的相关规定。这些企业的进入、运营和退出战略都遵循该细则的要求。在企业层面的数据库中,来自境外的企业约占总数的 19%。数据库中的所有外资企业进入区域市场采用三种类型的所有权方式,包括国际合作、国际合资和外资独资。这些不同类型的子公司在中国内地市场的运营和发展都有各自的特点和优势。表 4-2 说明了数据库里外资企业及其子公司的属性。该数据库已在许多关于在华投资外资企业的研究中得到应用。

表 4-1 样本数据库外资企业子公司在中国内地各区域市场分布百分比

	2000	2001	2002	2003	2004	2005	2006
北京	3.54	3.25	3.04	2.49	2.34	2.32	2.30
天津	4.25	4.29	3.85	3.49	2.90	2.26	3.21
河北	2.41	2.42	2.32	2.18	1.59	3.66	1.71
山西	0.36	0.30	0.30	0.26	0.23	1.63	0.23
内蒙古	0.32	0.27	0.28	0.28	0.21	0.90	0.25
辽宁	3.73	3.39	3.56	3.86	3.78	4.23	4.16
吉林	0.84	0.78	0.72	0.53	0.49	1.02	0.51
黑龙江	0.52	0.47	0.50	0.47	0.36	1.06	0.37
上海	11.63	11.69	11.27	11.12	9.90	5.45	9.11

---

① 根据 2005 年的官方汇率,500 万人民币约合 60 万美元。

续表

	2000	2001	2002	2003	2004	2005	2006
江苏	11.11	11.46	11.88	12.4	15.92	11.85	13.96
浙江	7.44	8.65	9.12	9.53	12.05	14.82	12.71
安徽	0.88	0.88	0.95	0.98	0.77	1.94	1.03
福建	9.46	9.31	9.37	10.12	8.44	4.56	8.73
江西	0.56	0.56	0.60	0.61	0.75	1.62	0.96
山东	6.12	6.44	6.92	7.58	7.55	10.13	8.59
河南	1.43	1.33	1.21	1.04	0.80	4.00	0.77
湖北	1.27	1.25	1.24	1.20	1.00	2.51	1.13
湖南	0.69	0.74	0.77	0.79	0.70	2.95	0.78
广东	29.58	28.75	28.46	27.53	27.18	12.93	26.32
广西	0.73	0.76	0.71	0.72	0.62	1.36	0.72
海南	0.34	0.30	0.27	0.25	0.16	0.23	0.17
重庆	0.49	0.48	0.44	0.42	0.32	1.08	0.33
四川	0.88	0.85	0.90	0.88	0.84	2.93	0.87
贵州	0.21	0.24	0.21	0.21	0.20	0.95	0.18
云南	0.41	0.38	0.39	0.36	0.30	0.87	0.31
西藏	0.02	0.02	0.01	0.02	0	0.07	0
陕西	0.44	0.40	0.37	0.34	0.31	1.10	0.33
甘肃	0.11	0.12	0.11	0.10	0.09	0.64	0.08
青海	0.02	0.03	0.03	0.03	0.03	0.15	0.03
宁夏	0.09	0.07	0.08	0.07	0.07	0.25	0.06
新疆	0.12	0.10	0.10	0.12	0.11	0.53	0.10

表 4-2 外资企业子公司在样本数据库中的占比（%）

	2000	2001	2002	2003	2004	2005	2006
国外外资企业的百分比（%）	17.46	19.86	18.98	19.66	20.68	20.75	20.16
来自中国香港、澳门和台湾地区的外资企业子公司百分比（%）	57.97	54.29	56.71	54.82	49.68	48.87	47.94
外资企业独资子公司所占百分比（%）	34.19	35.32	40.81	44.35	51.25	52.95	55.18

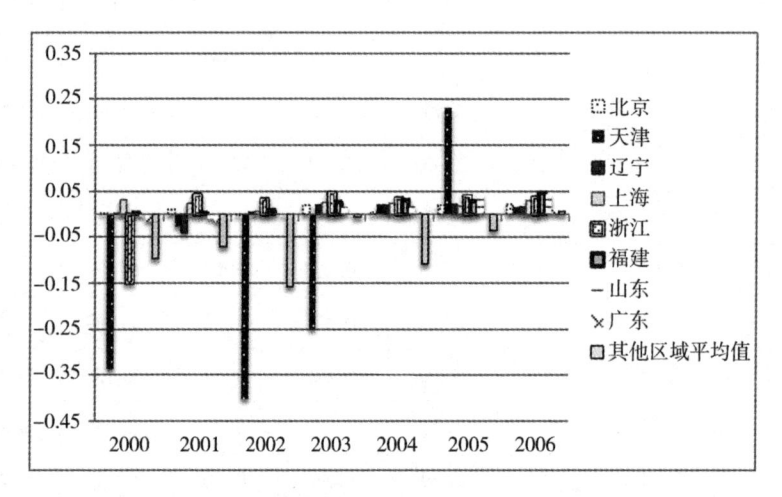

图 4-2 中国工业企业数据库各区域外资企业子公司销售收益率

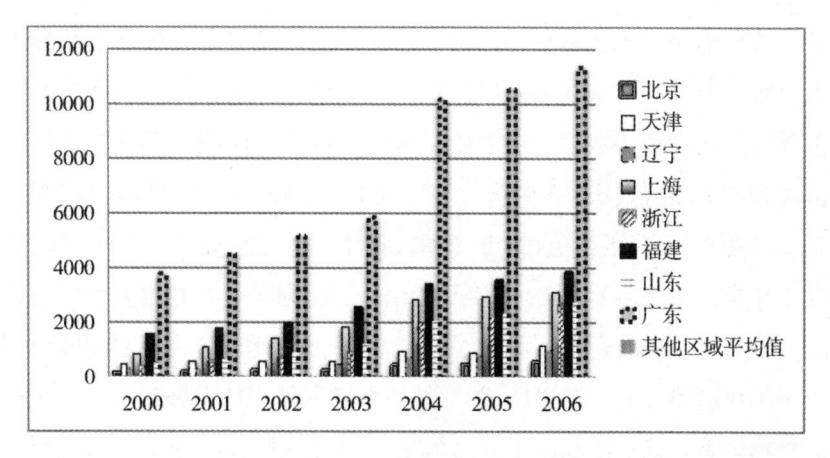

图 4-3 中国工业企业数据库中以独资模式进入区域市场的外资企业分布

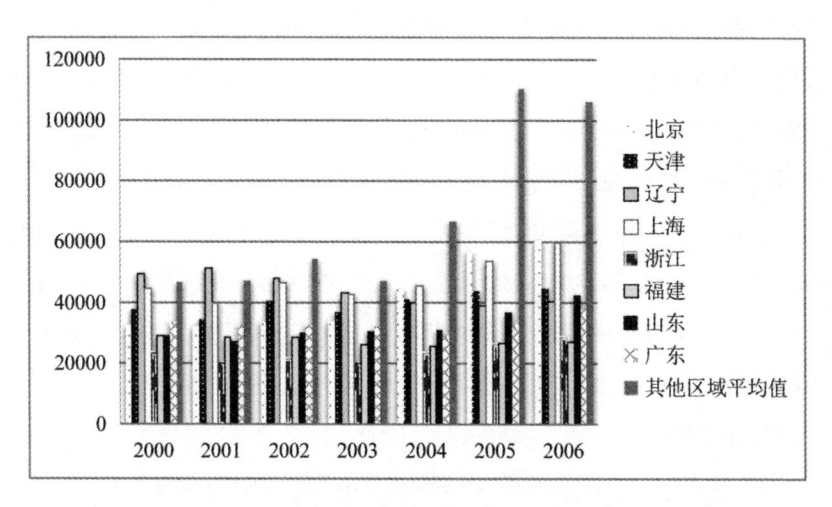

图 4-4 中国工业企业数据库中外资企业子公司固定资产投入区域分布
（单位：千元人民币）

二、区域层面的数据

区域层面的数据指标来自多个数据库，包括《中国统计年鉴》、《中国检察年鉴》、《中国分省份市场化指数数据库》和《中国社会综合调查》。这些数据库为研究中国区域各方面的发展提供了丰富的事实基础。《中国统计年鉴》是由中国国家统计局出版的年度统计工具书,包含了区域层面的人口统计学指标,如区域人口总量、就业情况、区域经济发展状况以及吸引外商直接投资等数据。这个数据库已经被广泛应用于各种与中国区域经济发展相关的研究中。《中国检察年鉴》由各地区检察院编纂出版,收集了全国各省、自治区、直辖市(不包括中国的港澳台地区)检察机关的年度工作报告。该年鉴从1988年开始出版,记录了各地检察院的监督执法情况,以及当地政府行政透明度等信息。《中国分省份市场化指数数据库》是由国民经济研究所(NERI)开发的衡量各区域经济发展向市场化转型程度的指标体系。该指数反映了各区域市场中介机构、金融系统和市场主体构成等经济制度要素的发展状况。许多研究中国区域市场体制转型与发展的学者们都采用了这个指标体系。最后,《中国社会综合调查》是由中国调查研究中心(NSRC)指导的中国社会发展抽样调查数据库(CGSS)。自2003年以来,NSRC一直收集并报告中国社会发展的情况。调查对象是从中国28个区域的城镇家庭中随机抽取的。CGSS的指标参考了用于监测美国社会发展的一般社会调查问卷。2007年,CGSS被国际社会调查计划(ISSP)认定为中国较为权威的社会发展普查项目。由于该数据库许多调查指标存在跨年调整的情况,很难获得严格的纵向数据。因此,本书选择了2003年和2005年报告中的都存在的调查指标进行分析。表4-3显示了各区域的样本量。

表4-3 中国社会发展抽样调查数据库各区域的样本分布情况

省份	2003年各区域收集的样本占总数的百分比(%)	2003年调查样本	2005年各区域收集的样本占总数的百分比(%)	2005年调查样本
北京	6.74	397	3.93	382
天津	6.77	399	3.91	380
河北	3.07	181	4.04	393
山西	1.36	80	1.60	156
内蒙古	1.36	80	1.61	157

续表

省份	2003年各区域收集的样本占总数的百分比（%）	2003年调查样本	2005年各区域收集的样本占总数的百分比（%）	2005年调查样本
辽宁	3.73	220	4.01	390
吉林	2.04	120	1.65	160
黑龙江	4.41	260	3.19	310
上海	6.77	399	3.86	375
江苏	4.41	260	5.93	577
浙江	2.38	140	3.11	302
安徽	4.09	241	5.05	491
福建	3.38	199	3.10	301
江西	2.04	120	2.32	226
山东	5.43	320	6.45	627
河南	4.75	280	6.40	622
湖北	4.07	240	4.74	461
湖南	4.73	279	4.73	460
广东	6.06	357	5.65	549
广西	4.09	241	3.95	384
海南	1.02	60	0.77	75
重庆	0.70	41	0.82	80
四川	4.41	260	6.44	626
贵州	2.38	140	3.23	314
云南	2.71	160	3.09	300
陕西	3.39	200	3.22	313
甘肃	2.38	140	2.45	238
新疆	1.36	80	0.77	75

续表

省份	2003年各区域收集的样本占总数的百分比（%）	2003年调查样本	2005年各区域收集的样本占总数的百分比（%）	2005年调查样本
总计		5,894		9,724

第二节　变量测量

根据第三章提出的研究问题，本书将在第五、六和七章中进一步展开研究。每章中的因变量将在相应的章节中进行详细说明。本章将简要介绍后续各章使用的变量测量。

一、因变量的测量

第五章的因变量是外资企业进入模式的选择决策，本书将探讨影响外资企业在国际合资子公司与外资独资子公司之间选择的营商环境因素。第六章的因变量是外资企业子公司的绩效水平和绩效差异。绩效水平将衡量外资企业子公司在区域市场经营销售的盈利能力，而绩效差异反映了外资企业子公司的绩效水平与在当地经营的外资企业子公司平均绩效之间的差异程度。由于区域制度环境发展水平的差异，外资企业子公司在不同区域的平均绩效水平和绩效差异均存在不同。第七章的因变量是外资企业子公司的后续生产投入调整的变化，表现为外资企业子公司对固定资产投入的变化程度。固定资产投入的增加意味着外资企业子公司在该区域加强了内化运营规模，以应对区域制度的不确定性。

二、自变量的测量

（一）区域制度的发展水平

根据新制度经济学对制度维度的划分，本书提出了一个能够从多维度衡量区域制度发展水平的方法，以测量区域的经济、政治和社会制度发展状况。以往研究认为，区域经济制度的发展水平应包含区域经济发展状况。区域经济制度的发展状况决定了当地的投资吸引力。经济越是高度发达的区域对外资企业投资者的吸引力越强。因此，本书将《中国统计年鉴》中各省级地区的人均 GDP 纳入指标体系，反映了地方经济的发展水平。此外，区域的经济制度发展水平还包括市场信息的可获得性和基础资源的供应情况。本书借鉴现有研究，认为重要的市场信息（如当地市场的潜在合作者、竞争者、供应商和消费者的相关信息）应该以更低的成本被市场主体获得。因此，本书采用《中国分省份市场化指数数据库》中的区域市场中介机构发达程度说明市场信息的可获性。同时，当地市场能否为经营者提供关键的基础资源，对于市场主体的经营活动也是一个重要的因素。本书参考了以往区域制度环境的研究，提出区域市场中介机构和要素供应组织的发展状况是区域经济制度发展水平的重要组成部分，对当地技术创新产生明显的影响。为了衡量一个区域关键资源的可获程度，本书将重点测量区域市场资本和技术的可获性。使用当地银行系统的竞争程度和专利数量与区域科技人员总数之比来分别测量区域市场的资本系统和技术创新情况。

  关于区域的政治制度发展状况，本书参考了以往关于国家层面政治制度构成维度的研究。首先，政治环境的透明度是区域政治制度的重要组成要素，反映了区域政府在市场中扮演的角色。优化当地政治制度环境是改善当地经营企业的绩效与价值增值的重要方法（雷新途，熊德平 2013）。本书使用《中国检察年鉴》中各地检察机关打击本区域腐败案件数量作为指标。当地检察机关打击本地官员腐败的力度能够从一定程度上体现区域政府提高政治透明度，降低寻租行为的意图是否强烈。虽然该指标与区域发生此类案件的数量有直接联系，但它可以在一定程度上反映当地政治环境的透明度。此外，法律的有效执行和优惠的区域投资政策也体现了区域的政治制度发展水平（Du 等 2008）。新制度经济学家认为，有效执行的法律是确保市场公平交易的制度保障，影响合同执行的效率以及合同签订各方的风险。本书借鉴《中国检察年鉴》提供的各区域申诉案件数量能够衡量区域执法机关执行法律的效果，从而反映当地执法机关对法律的执行力度。最后，本书将区域投资和财政政策优惠程度纳入评估区域政治制度发展水平的范围。在当地政府拥有更多的权力决定当地市场的资源分配时，市场机制的运作可能受到地方保护政策的影响。本书利用《中国分省份市场化指数数据库》中有关地方财政政策和经济政策的两项指标来衡量：（1）区域资源由市场机制而非地方政府决定分配的程度，使用公共财政总值占 GDP 比值的倒数来衡量；（2）区域政府减少地方保护主义的程度，使用地方歧视性经济案件占 GDP 比值的倒数来衡量。

区域社会制度的发展状况取决于社会成员和组织长期积累的互动模式。社会制度代表了全体社会成员的共同意志，在一定的社会范围内规范着社会实体的行为和关系。衡量区域社会制度发展水平需要综合考虑"客观"和"主观"两个方面的指标。虽然对区域经济和政治制度发展水平的衡量强调了对"客观"指标的考量，但对区域社会制度发展水平的评价还需要考虑"主观"方面的指标。Parsons（1990）认为评价一个国家或区域制度的研究需要将"主观"方面的指标纳入考量系统中。例如，人们对生活的态度、对他人的态度以及社会成员参与社会活动的程度都反映了公众接受的价值观、社会规范以及得到社会成员共识的社会秩序。这些指标能够体现公众对社会制度的认同和参与度。本书借鉴了 Putnam（1993）关于区域层面社会制度环境发展状况的论述，使用 CGSS 调查报告中的以下指标来衡量区域社会制度的发展情况：（1）被访者生活幸福感评分。该指标衡量社会成员对自身生活状况的满意程度，反映他们对社会制度的认同和对社会发展的期望；（2）对陌生人的信任程度。该指标衡量社会成员在日常生活中对陌生人的信任程度，反映社会成员之间的互信关系和社会凝聚力；（3）被访者对当地政府决策的关心程度。该指标衡量社会成员对当地政府决策的关注程度，反映他们对社会事务的参与度和对决策过程的信任程度；(4) 社会活动参与度。该指标衡量社会成员参与社会活动的频率和程度，反映他们对社会生活和对社会制度的认同。社会制度的变革通常需要与历史和文化传统相适应。传统的价值观和制度安排对于人们的行为和思维方式产生深远影响，使得制度变革更为困难和缓慢。鉴于社会制度通常以缓慢的速度变化。而在本书样本分析期间，区域社会制度并未发生重大变化。因此，本书将运用 CGSS 调查中 2003 和 2005 年的数据代表 2000—2005 年期间各区域的社会制度发展水平。由于该数据的可靠性和代表性较好，该处理方式可确保对整个时期的社会制度状况有较好的描述。

表 4-4　区域经济、政治和社会制度发展水平的测量指标

衡量指标	数据来源	说明	年份	Cronbach's α
区域经济制度测量指标			0.87
1. 中介发展	中国分省份市场化指数数据库	律师和会计师与区域人口的比率（去量纲标准化值）	2000—2005	
2. 技术基础	中国分省份市场化指数数据库	设计、发明和实用新型专利的申请和批准案例占科学家和工程师总数的比例（去量纲标准化值）	2000—2005	
3. 资本市场发展	中国分省份市场化指数数据库	非国有银行存款占银行系统存款总额的比率（去量纲标准化值）	2000—2005	
4. 经济状况	中国统计年鉴	人均国内生产总值（去量纲标准化值）	2000—2005	
区域政治制度测量指标			0.75
1. 区域政府政治透明度	中国检察年鉴	反腐败案件数量（去量纲标准化值）	2000—2005	

续表

衡量指标	数据来源	说明	年份	Cronbach's α
2. 执法效果	中国检察年鉴	成功解决的上诉案件数量（去量纲标准化值）	2000—2005	
3. 降低地方保护主义	中国分省份市场化指数数据库	受歧视的经济案例与国内生产总值比率的倒数（去量纲标准化值）	2000—2005	
4. 减少政府干预	中国分省份市场化指数数据库	公共财政与国内生产总值比率的倒数（去量纲标准化值）	2000—2005	
区域社会制度测量指标				0.45
1. 生活态度	2005年中国社会综合调查	E3："您对自己的生活有何看法？你觉得你的生活幸福吗？" 1=一点也不开心 2=不开心 3=适度 4=快乐 5=非常满意	2005	
2. 社会活动参与度	2005年中国社会综合调查	F4："您在多大程度上关心地方人大的日常工作决策？" 1=完全不关心 2=不太关心 3=适度关心 4=在一定程度上给予关心 5=非常在意	2005	

续表

衡量指标	数据来源	说明	年份	Cronbach's α
3. 普通人之间的信任	2003年中国社会综合调查 2005年中国社会综合调查	2003年中国社会综合调查 I6："一般来说，您是否信任社会上的陌生人？" 1=完全不信任 2=不信任 3=适度信任 4=一定程度上信任 5=非常信任 2005年中国社会综合调查 E14："在不涉及金钱的情况下，您认为下列群体中值得信任的人多吗？" E14m："社会中的陌生人" 1=大多数人都不值得信任 2=超过一半的人不值得信任 3=半数人值得信任 4=一半以上的人值得信任 5=大多数人值得信任	2003年和2005年	
4. 社会稳定	2005年中国社会综合调查	F8c："您是否参加过信访等活动？" 1=是 2=否	2005	

（二）合法性评价者对外资企业的认知

在研究组织合法化过程时，新制度主义理论家通常使用特定组织形式的密度测量认识制度。DiMaggio 和 Powell（1983）认为，在高度不确定的情况下，一个组织可能会参考属于同一认知类别的其他组织的行为，即使该组织无法完全解释这些行为的原因。随着时间的推移，组织经常采用的组织惯例会制度化，从而改善组织在陌生环境中的合法性，获得该社会范围内合法性评价者的正面评价。

外资企业进入东道国市场选择不同的进入模式存在不同的利益诉求（姚战琪 2006）。国际管理学者还认为，外资企业在东道国市场普遍采用的战略模式是其他新进入东道国的外资企业开展战略决策的模板，体现了当地市场公众对外资企业的认知共识。Henisz 和 Delios（2001）通过研究日本公司早期的区位选择对其后续进入该东道国的概率的影响，探讨了日本公司在区位选择方面的模仿行为。Lu（2002）使用日本企业在东道国或东道国行业中外资独资子公司百分比来代表东道国市场对外资企业的制度要求。Yiu 和 Makino（2002）使用国际合资企业与外资独资子公司的比例来说明日本企业面临的外部制度压力。当企业进入一个陌生的环境时，决策者通常将企业归类到与其具有相似组织特征的群体中，并遵从符号表征来理解环境。Chan and Makino（2007）重点研究了跨国公司在内部和外部制度环境下的模仿行为。作者将拥有不同程度地方所有权份额的国际合资子公司数量视为一个指标，代表东道国的合法性评价者将外资企业视为合法化的程度。根据上述研究，本书使用某一年中国工业企业数据库中各区域外资企业首次进入中国内地市场建立的国际合资子公司数量与该区域外资企业设立的新建独资子公司总数百分比来代表合法性评价者对外资企业的认知。

后续章节中的具体研究内容将基于上述数据库和指标构建研究样本和测量体系。各项研究的因变量、自变量和控制变量的构成将在后续各章的研究方法部分具体阐述。

第五章

区域营商环境与外资企业的进入模式选择

本章将阐述外资企业如何针对中国各区域的营商环境选择不同的进入模式。第一部分讨论区域经济、政治、社会制度发展水平及区域合法性评价者,对外资企业的认知制度对外资企业选择与本土企业建立国际合资子公司还是独资子公司产生怎样的影响,并提出四个假设。第二部分陈述检验四个假设的方法和结果。最后一部分讨论本章分析结果的意义。

从经济学视角出发,区域营商环境的区域制度发展水平体现了在该区域市场所有个体和组织参与商事活动将承担的成本和获得的机会。由于各区域市场的制度是影响当地个人和组织的行为和决策的规则,区域制度发展水平的差异会造成外资企业运营的成本与盈利出现差异。由于制度欠发达引致的额外经营成本提高了外资企业跨国经营的难度(潘镇,殷华方,鲁明泓 2008)。从社会组织视角出发,区域营商环境还包括区域合法性评价者对外资企业的认知。这种认知是当地合法性评价者形成共享且制度化的集体意志。例如,合法性评价者对外资企业普遍持有积极态度,并认为外资企业拥有参与本地市场经济活动的独立性时,外资企业更容易获得合法性,并可以使用当地的分销网络销售产品(Cui, Liu 2000)。区域合法性评价者对外资企业的认知决定了外资企业在不同区域能否获得合法性。以往的研究认为,区域制度环境的差异是外资企业进入战略选择的先决条件之一(Globerman, Shapiro 1999)。但是,这些研究并没有将区域营商环境进行解构,无法对比外资企业为获得效率目标或合法性目标应如何选择相应的所有权进入模式,应对不同层面区域营商环境差异的影响。

首先,外资企业根据不同区域制度发展水平选择进入模式,因为区域制度发展水平能够决定在当地开展经济活动的成本和收益。学者们曾运用一系列制度环境要素评估东道国不同区域的制度发展状况,例如,经济发展水平(Ma, Delios 2007)、技术发展状况(Chung & Alcacer, 2002),以及区域吸引投资的优惠政策等(Zhou 等 2002)。区域市场这些要素条件越好表明该区域制度越发达,进而将降低市场交易的风险。相反的,如果这些要素条件存在缺陷,外资企业便很难保护其产权和经营权(Luo 2001)。然而,这些研究仅从区域制度环境的某一个方面阐述了区域制度发展状况对外资企业进入东道国区域市场模式选择的影响,并没有提出一个能够综合反映区域制度发展水平的多维度测量工具。

其次,外资企业的进入模式选择还受制于区域合法性评价者对外资企业的认知制度。该区域制度环境影响到外资企业进入区域市场开展经营活动的合法性高低。以往的研究表明,新进入某一东道国的外资企业很可能选择东道国产业中最成功的外资企业子公司进入模式进行模仿(Chen, Yang, Hsu, Wang 2009),也可能模仿同一企业集团中大多数其他成员企业选择的进入模式(Guillén 2003)或来源国同行业的其他竞争对手的进入模式(Xia, Tan, Tan 2008)。因东道国区域市场的合法性评价者对某一类社会群体的合法性高低存在共识(Li 等 2007),忽视区域合法性评价者对外资企业认知的影响,将导致外资企业决策者在所有权进入模式选择决策中忽视获得合法性的重要性。因此,本章将运用 2001 至 2006 年间在中国内地 26 个省级行政区域内首次开设的 5131 家外资企业子公司,探究东道国区域营商环境对外资企业选择国际合资或外资独资进入模式的影响。

<<< 第五章 区域营商环境与外资企业的进入模式选择

第一节 假设提出

一、区域制度发展水平

东道国区域的经济、政治和社会制度发展水平差异决定了该区域营商环境在多大程度上能够降低外资企业在当地经营所承担的风险与不确定性。首先,区域制度在降低交易成本和生产成本方面具有重要作用。发达的区域经济制度有利于外资企业在当地市场发挥自身的独特优势,降低搜寻信息的成本。首先,由于受"外来劣势"(Zaheer 1995)的负面影响,外资企业可能很难融入当地的商业网络。因此,外资企业在获得区域资源、外部支持和商机信息等方面面临挑战。在区域经济制度发展水平较高的情况下,大量中介机构将成为外资企业重要信息的提供者。基于对当地市场的了解,区域发达的中介机构系统可以为外资企业子公司寻找潜在交易方(Amin 1999; Anand, Subrahmanyam 2008)。因此,外资企业能够以较低成本获得充足的市场信息,降低外来劣势对其经营活动造成的阻碍。其次,缺乏充足的外部资本保障是外资企业决定是否进入新东道国市场的重要障碍。尽管外资企业拥有雄厚的内部资金支持子公司在东道国市场的经营,弥补外部资本市场信息不对称所造成的效率低下的问题(Myers, Majluf 1984),但企业内部资本系统很难及时提供充足的资本(Liebeskind 2000),这个问题在外资企业母公司与海外子公司之间更为明显。外资企业子公司所在区域市场的银行系统是否发达将直接影响子公司在本地的日常经营资金流补给。发达的区域经济制度能降低外资企业子公司在当地市场的融资成本和进入壁垒。还有,构成发达的区域经济制度的另一个要素是先进的技术支持。鉴于在东道国市场开发新技术存在很大的不确定性(Von Zedtwitz, Gassmann 2002),先进的本地技术能为外资企业提供本土化的知识资源，降低外资企业子公司开发本土化产品的风险和研发成本。外资企业子公司可以直接将当地技术转化为自身的特有优势和新知识的创造（Almeida 1996；Chung，Alcacer 2002），而不需要与当地企业建立合资子公司来开发技术。此外，先进技术的支持也意味着区域市场知识产权保护体系较为完善，进而吸引外资企业增加直接投资（柒江艺，阳立高，冯涛 2008）。

　　发达的区域政治制度能够减轻外资企业在当地开展业务活动的不确定性。首先，地方政府的治理能力越强，外资企业以自主方式管理本地商事业务的可能性越高（潘镇，潘持春 2004）。当地政府创造优越的投资环境（Cheng，Kwan 2000），减少对本地经济实体市场活动的过度干预（Montinola 等 1995）。外资企业在当地开展经营活动不需要承担更高的经营风险和交易成本。其次，发达的区域政治制度体现在高度透明的政治环境上。廉洁的政府是构建稳定的政治环境的重要因素，能够减少市场交易各方为赚取短期利益而实施的机会主义行为（Habib，Zurawicki 2002），避免人为操纵当地市场资源的分配。第三，发达的区域政治制度拥有高效的独立执行机构。有效的法律执行机构能够保证市场合约的履行（Acemoglu 等 2003），降低市场活动的违约概率（Du 等 2008）。外资企业在本区域开展商事活动可以依靠公平的第三方执法监督系统规避风险。最后，优惠的区域投资政策和较少的政府干预为外资企业创造了有利的政治环境，能降低外资企业独立经营的不确定性。优惠的投资政策能减轻外资企业的各类税负。例如，我国东部一些省份设立的经济开发区便通过税收优惠政策、土地优惠政策和再投资优惠政策，降低外资独资子公司在本地经营的风险。区域政府减少对地方经济的干预，并减少地方保护主义，促使市场机制发挥作用，增加了外资企业与其他地区相关组织和企业的互动与交换机会（Lee 1998）。

　　发达的区域社会制度从两个方面缓解了外资企业在当地经营的不确定性，从而提高经营效率。首先，发达的社会制度能够增加当地以非亲缘关系为基础的公平市场交易。区域中人际之间的高度信任可以提高组织之间的信任（Zaheer，McEvily，Perrone 1998），从而降低外资企业寻找交易方的成本与风险，促进企业间的自愿交易行为（McEvily，Perrone，Zaheer 2003b）。较高的社会信任也将降低市场交易的违约风险。在这些地区，企业很少承担签订合同的事前风险或违反合同的事后风险。其次，发达的区域社会制度能为稳定的商业环境提供保障，降低外资企业进入区域市场的难度，确保子公司在本地市场的持续经营（Agarwal，Ramaswami 1992；Loree，Guisinger 1995）。综上所述，在经济、政治、社会制度发展水平较高的区域，外资企业以独资形式进入当地市场所承担的风险较低。因此，外资企业选择以独资形式进入该区域市场能够充分发挥其自身技术和能力优势，获得超额利润。

与之相反，经济制度欠发达的区域市场，由于缺少中介机构、发达的地方银行系统和技术支持与经济基础，"外来劣势"给新进入区域市场的外资企业带来显著的负面影响。首先，外资企业将面临较大的信息不对称风险，很难在当地市场发掘新的市场契机和潜在客户。其次，欠发达的地方银行系统无法为外资企业提供充足的本地资金支持，外资企业在当地市场需要通过与本土企业建立联系，才能获得当地的金融资源。第三，欠发达的技术支持为外资企业适应本地市场需求带来了挑战，外资企业需要承担更高的成本进行技术研发，或通过与当地企业合作共同开发适合本地市场的技术。

政治制度欠发达的区域将提高外资企业以独资形式进行经营的风险。由于当地政府治理效率较低，外资企业进入当地市场的审批过程更加漫长，需通过本土企业更快地与关键的政府机构建立沟通渠道。此外，由于当地政治的透明度较低，公共部门出现寻租现象时，外资企业参与到当地市场的交易活动需承担额外的成本。以独资模式进入当地市场的外资企业可能陷入内外行为规范互相冲突的困境。同时，因政治制度欠发达区域第三方执法机构的监督力度不足，外资企业在当地市场的市场交易活动很难得到有效的执行。而由于区域政府的地方保护主义倾向，外资企业在寻求替代供应链和新的市场机遇过程中很难突破本地的局限性。

　　社会制度欠发达的区域缺少信任机制。区域个体和组织之间的信任机制建立在亲缘或地缘相近的基础上，这便导致当地市场的公平交易机制受到挑战。个体和组织之间缺少多样而自发的互惠型合作机制。外资企业在这类区域开展经营活动将遇到巨大的阻力。由于外资企业被排斥在当地社会网络以外，若以独资形式进入当地市场，外资企业将很难与当地个体和企业建立互信互惠的关系。而通过与本土企业建立合资公司，外资企业可嵌入到当地商业网络中，与利益相关者构建间接联系。

　　鉴于欠发达的区域经济、政治、社会制度风险，区域市场机制很难有效运转。因此，这些地区市场机遇较少，导致外资企业以独资形式开展经营活动将面临较大的风险和效率低下的问题。而通过与本土企业建立合资公司，外资企业能够与熟悉东道国区域市场环境的本土企业资源互补，风险共担，降低经营成本，实现高效运作（Delios，Henisz 2003b；Lu，Xu 2006）。因此，本研究提出如下假设：

　　假设1：区域经济制度越发达，外资企业越有可能选择独资模式进入市场。

　　假设2：区域政治制度越发达，外资企业越有可能选择独资模式进入市场。

　　假设3：区域社会制度越发达，外资企业越有可能选择独资模式进入市场。

二、区域合法性评价者对外资企业的认知

　　由于中国区域市场营商环境尚处于不断完善优化的过程中，区域制度空缺的存在将为初次进入本地市场的外资企业战略决策带来不确定性。因此，模仿大多数外资企业的战略决策能够弥补营商环境针对外资企业具体战略行为规则的缺陷。当某区域范围内外资企业与本土企业成立的合资子

公司数量占比大于外资企业独资子公司时，该区域市场的合法性评价者对外资企业的社会身份持较为负面的评价。外资企业以独资形式在这些区域开展商事活动可能遇到较大的阻力和风险。这些区域的合法性评价者可能将外资企业的进入视为对本土企业的威胁。例如，当该区域本土企业普遍缺乏竞争力时，新进入该区域的外资企业基于自身的竞争优势，吸引当地更具竞争力的人才和高净值客户，进而对本土企业经济利益及社会地位造成较大的威胁。与此相反，外资企业与本土企业以合资形式进入当地市场，防止二者在区域市场争夺资源和客户，增加了外资企业向本土市场转移先进技术、知识、人才和管理经验的机会，从而降低合法性评价者对外资企业的负面认知，提高子公司在当地经营的合法性。此外，区域合法性评价者将外资企业的进入视为无法为本区域提供经济与社会价值的实体。例如，供应商和分销商可能要求在当地开展商事活动的外资企业子公司参与某些当地特有的活动，如投入大量的公关维持费用方可获得竞标订单。外资企业以独资形式在当地经营将很难满足合法性评价者的要求。由于这些本地合作者能够为外资企业提供经营便利，降低运营成本，外资企业子公司需遵守当地商事活动采取的惯例。然而，以独资形式进入该区域的外资企业很难遵守这些惯例。在多层次制度环境中，外资企业子公司可能陷入集团公司制度规范和东道国区域市场制度要求相互冲突的困境中（Kostova 等 2008；Spencer, Gomez 2011）。增加与上下游合作方市场交易关系的投入，可能威胁外资企业内部经营范式，提高成本（Rodriguez, Uhlenbruck, Eden 2005）。相反，以国际合资的方式进入区域市场能够降低外资企业的这类风险。国际合资子公司将自身活动与外资企业内部控制隔离开，降低子公司在外资企业完全控制下的决策依赖（Hill, Hwang, Kim 1990；Kim, Hwang 1992）。当合法性评价者要求外资企业根据当地市场商事活动的惯例开展经营活动时，本土出资企业可采取本土化活动，减少外资企业以独资子公司形式开展经营遇到的内外部行为范式冲突（Davis 等 2000）。同时，提高国际合资子公司在当地经营的合法性。

当某区域市场外资企业独资子公司数量占比较大时,该区域市场上合法性评价者认为外资企业以独资形式在当地经营能够为区域市场带来积极的影响。当地合法性评价者持有这种观点的原因之一是,外资企业子公司作为具有特定社会身份的群体拥有不低于本土企业的社会地位,为区域市场带来价值。由于国际合资子公司比外资独资子公司的组织不稳定性更大,协调管理控制成本更高(Woodcock 等 1994),以外资独资模式进入区域市场将更有利于提高企业经营效率,为当地市场创造更高的经济附加价值。由于当地合法性评价者对外资企业独资子公司抱有正面的认知,以独资形式进入区域市场的外资企业能够与本土企业一样公平地获得合法性评价者掌握的重要资源,如分销网络,从而获得更高的经营效率,并为本地市场创造价值。同时,外资企业以独资形式在区域市场开展经营活动很少遇见与外资企业内部经营范式相悖的制度冲突。以独资形式进入区域市场能够服务于外资企业的经济效率目标。

基于以上论述,外资企业进入某区域时,需观察在当地已成立的外资企业采取怎样的进入模式,进而判断当地市场合法性评价者对外资企业的认知。新进入区域的外资企业,可以通过在区域市场采用外资独资形式进入数量的占比,降低当地合法性评价者针对自身具体战略行为认知的不确定性,模仿占比相对较高的外资企业进入模式。

假设 4:在某区域市场,合法性评价者对外资企业接受程度越高,外资企业越可能选择独资模式进入当地市场,而降低与本土企业合资的可能性。

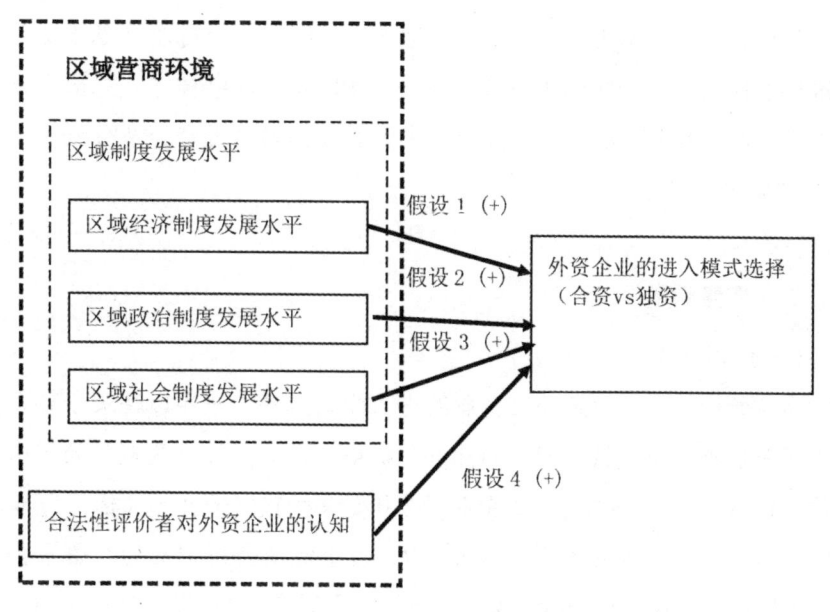

图 5-1 区域营商环境与外资企业的进入模式选择

第二节 研究方法

一、数据和样本构建

为了检验上述提出的假设，本章选择了 2001 年至 2006 年间成立的外资企业子公司。由于总部设在中国港澳台地区的企业和其他海外国家地区的企业在中国内地投资均被定义为外资企业，且享受外资企业的税收减免政策。因此，本章将注册在中国港澳台地区和其他海外国家地区的企业定义为外资企业，并剔除了拥有下述情况的数据：（1）2001 年之前和 2006 年之后在中国成立的外资企业子公司；（2）缺少进入信息数据的外资企业子公司；（3）位于无法获得基本区域统计数据的外贸企业子公司。

最后，本章数据集包含了中国内地 26 个区域 33 个行业（基于 2 位数标准行业代码 SIC）的 5000 多个外资子公司-年份观察样本。总部设在中国香港、澳门和台湾的外资企业以及来自其他国家的外资企业分别占样本的 48.7%和 51.3%。

二、变量测量

（一）因变量

本章分析的因变量是外资企业的进入模式选择。按照以往关于外资企业以所有权进入模式类型划分的标准，将最初建立的外资企业子公司中外资注册资本不低于 95%的外资企业子公司定义为独资子公司（标记为 WOS=1），而将外资注册资本低于 95%的外资企业子公司定义为合资子公司（标记为 WOS=0）。在分析样本中，外资企业独资子公司占比为 65.91%。

（二）自变量

1、区域经济、政治、社会制度发展水平的测量

区域营商环境包括区域制度发展水平和区域合法性评价者对外资企业的认知。其中，区域制度发展水平包括区域经济、政治和社会制度发展水平。本章首先确定了测量区域制度发展水平的结构，在参考了大量以往研究的基础上，选取十二个指标。由于区域经济制度和政治制度的指标来自多个数据源，需要将指标的原始数据进行无量纲化处理。运用主成分法进行探索性因子分析后，十二项测量指标最终负荷在三个因子上。三个因子共解释了总方差的 64.29%，特征值为 1.57（见表 5-1）。为验证三因子结构的稳定性，对比三因子结构是否优于区域制度发展水平这一单因子结构，还进行了确定性因素分析。通过比较各项拟合度指标确定，三因素结构比单因素结构的拟合效果更好。其中，三因素结构的拟合度为 $\chi^2/d.f.=8.74$，$P=0.000$。$CFI=0.615$，$GFI=0.702$，$NFI=0.591$，$RMSEA=0.223$。单因素结构的拟合度为 $\chi^2/d.f.=11.43$，$P=0.000$。$CFI=0.450$，$GFI=0.579$，$NFI=0.434$，$RMSEA=0.259$。三因子结构的卡方与单因子结构的

卡方差异显著（$\Delta X^2 = 171.67$，$\Delta d.f. = 3$，$P<0.001$）。因此，本研究将各因子负荷的平均值作为测量区域经济、政治和社会制度发展水平的指标。

表 5-1 区域制度发展的探索性因子分析（中国 26 个省级区域）

	区域经济制度发展水平	区域政治制度发展水平	区域社会制度发展水平
1. 中介发展	**0.75**	-0.46	0.05
2. 技术开发	**0.87**	0.03	-0.00
3. 金融市场的效率	**0.75**	0.21	0.24
4. 人均国内生产总值	**0.92**	-0.21	0.02
5. 地方政府的反腐败	-0.24	**0.83**	0.14
6. 第三方执法	-0.17	**0.81**	-0.01
7. 减少地方保护主义	0.05	**0.58**	-0.15
8. 减少政府干预	0.44	**0.73**	0.18
9. 人们的生活态度	0.25	0.24	**0.48**
10. 公民参与	0.05	-0.48	**0.65**
11. 人际信任	0.29	0.21	**0.60**
12. 社会稳定	-0.31	-0.22	**0.66**

提取方法：主成分分析
旋转方法：带 Kaiser 归一化的 Varimax 旋转法

注：1. 粗体数字为同一因子项指标

2. 区域合法性评价者对外资企业的认知

本章用外资企业与本土企业在省级地区新成立的国际合资子公司占该年度该省级区域新成立的外资企业子公司总数的百分比来表示合法性评价者对外资企业的认知。

图 5-2 刻画了各区域营商环境的经济、政治和社会制度发展水平以及区域合法性评价者对外资企业的认知。

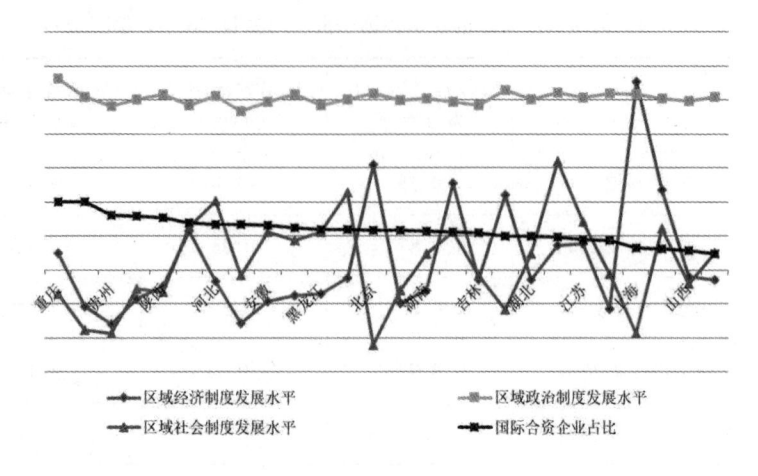

图 5-2 区域营商环境状况（按区域国际合资企业占比排序）

（三）控制变量

为保证实证分析结果能够排除其他非核心变量因素的影响，本章还控制了区域、外资企业进入行业、区域产业和外资企业来源地层面的众多变量，进一步明确区域营商环境对外资企业进入模式选择的影响。区域层面的控制变量包含（1）外资直接投入（FDI）的总量，即外国直接投资存量与当地区域生产总值比值，以排除外商直接投资对外资企业投资的集聚效应。本章将中国各省市场化指标中的（2）生产者权益保护指标作为控制变量加入分析中，以排除各区域法律环境对产权所有者的影响。当企业管理者认为区域市场的法律环境能够很好地保护企业产权时，本土企业很难对外资企业的资产和核心知识造成侵权。而由于新兴经济体营商环境不确定性较高，外资企业可以采取合资形式进入区域市场（Lu 2002）。此外，在分析中还加入了（3）区域现存的拥有最高绩效水平的外资企业进入模式。因为新进入当地的外资企业很可能采用东道国市场中最成功的外资企业所有权模式进入该市场，先前进入东道国市场的外资企业给后续进入的外资企业带来可借鉴的经验溢出（殷华方，潘镇，鲁明泓 2011）。为确定外资企业进入某区域可参照的其他成功外资企业所有权结构，本章使用年度工业调查数据库在各省建立的拥有最高销售收益比（ROS）的外资企业子公司进入模式来表示这一变量，即外资独资形式为 1，国际合资形式为 0。最后，考虑了（4）选址对外资企业进入模式选择的影响，将选择进入沿海区域设立子公司的外资企业赋值为 1，而将选择内陆地区设立子公司的外资企业编码为 0。

除外资企业层面的变量外，本章还对东道国产业层面的相关特征纳入分析，控制产业层面的影响因素。首先，本研究控制了在中国内地（5）行业中绩效水平最高的外资企业子公司进入模式（Chen 等 2009），将行业中最成功的外资企业子公司独资形式赋值为 1，国际合资形式赋值为 0。第二个变量是对外资企业进入模式选择的（6）行业限制。该变量反映了国家对外资企业在特定行业选择进入模式的制度性规范政策，对外资企业进入中国内地市场的进入模式选择具有直接影响。[①] 投资于限定国际合资模式进入的限制行业编码为 0，投资于以外资独资形式进入的行业编码为 1。第三，为了控制行业结构，本章将使用行业销售额最大的八家公司占行业总销售额的比例来控制行业集中度对外资企业进入模式选择的影响。以往的研究表明，东道国（7）行业集中度会影响外资企业的进入模式选择。最后，为了排除区域产业对外资企业进入模式选择的影响，控制了当地产业中（8）国际合资企业的比例。除外资企业选择的区域外，分析中其他控制变量都使用滞后一年的数据。

本章还对外资企业所在地进行了控制，当外资企业在制度和文化上与东道国相距甚远时，他们很可能会选择国际合资模式。本研究将（9）外资企业来源地位于中国港澳台地区的外资注册资本占比超过 50% 的境外公

---

① 《外商投资产业指导目录》规范了外资企业在自然资源、高新技术和化工等行业的进入模式选择。在本研究时间窗口内，这些规则分别于 1997 年、2002 年和 2004 年进行了修订。研究根据 3-4 位 SIC 行业代码规则调整了这一变量的编码。

司赋值为0，而来自其他境外国家和地区的外资企业为1。

本章还加入了反映外资企业子公司特征的多个变量，以排除初建子公司特征对外资企业进入模式选择的影响。首先，控制了（10）子公司类型，将拥有出口量的子公司赋值为1，否则赋值为0。由于出口导向型外资企业投资东道国的目的是充分利用自身特有优势和东道国市场的区位优势，为全球市场提供低廉生产成本的产品。因此这类外资企业很可能选择独资模式进入市场，从而获得超额利润。其次，以往的研究表明，大型企业在进入东道国市场时很难获得合法性，因为它们受到东道国市场利益相关者的过度关注，而不得不承担非经济型责任。本章使用进入时外资企业子公司（11）员工数控制外资企业的进入规模。初建子公司的（12）总资产自然对数用于控制组织资源对外资企业进入模式选择的影响。

本章同时加入了行业虚拟变量和年份虚拟变量，以控制未观察到的行业和年份的固定效应。

表5-2　本章研究所有变量名称及测量

	变量名称	测量方法
	因变量	
	外资企业进入模式选择$_t$	外资独资子公司=1；国际合资子公司=0
	自变量	
1	区域经济制度发展水平$_{t-1}$	运用主成分法进行探索性因子分析后，将各因子负荷的平均值作为测量区域经济、政治和社会制度发展水平的指标
2	区域政治制度发展水平$_{t-1}$	
3	区域社会制度发展水平$_{t-1}$	
4	区域国际合资企业占比$_{t-1}$	区域国际合资子公司与外资企业子公司总数之比
	控制变量	
1	外资直接投入$_{t-1}$	外国直接投资存量与当地区域生产总值比值

续表

	变量名称	测量方法
2	生产者权利保护$_{t-1}$	市场化指标中"生产者权益保护"指标
3	区域最高绩效外资企业子公司进入模式$_{t-1}$	外商独资=1；国际合资=0
4	选址$_t$	位于沿海地区的子公司代码为1；否则为0
5	行业最高绩效外资企业子公司进入模式$_{t-1}$	外商独资=1；国际合资=0
6	外资企业选择进入模式的规定$_{t-1}$	鼓励性行业=1；限制性行业=0
7	区域内当地产业的合资企业百分比$_{t-1}$	区域行业内国际合资子公司数与外资企业子公司总数之比
8	外资企业来源地	将中国港澳台注册资本占比较大的外资企业子公司编码为0，其他编码为1
9	子公司类型$_t$	拥有出口量=1；没有=0
10	员工数$_t$	外资企业子公司员工数
11	总资产$_t$	子公司的总资产对数
12	行业集中度$_{t-1}$	行业销售额最大的八家公司占行业总销售额的比例（赫芬达尔指数）

三、统计分析

本章使用Logit回归估计所有假设。分别检验区域制度发展水平和合法性评价者对外资企业的认知与外资企业进入模式选择的绝对与相对影响。为了提高研究结果的稳健性，本研究还使用外资所有权占比为90%和85%临界点检验假设。外资注册资本不低于90%和85%的外资企业子公司被编码为1，而低于90%和85%的外资企业子公司被编码为0。

四、假设检验结果

表5-3是本研究中所有变量的统计描述。表5-4报告了区域营商环境对外资企业进入模式选择的影响。模型1展示了所有控制变量的影响。模型2、模型3和模型4分别显示了区域经济、政治和社会制度发展水平的影响。模型5将区域经济、政治、社会制度发展水平同时加入分析，结果与模型2至模型4一致，即区域经济和社会制度发展水平对外资企业选择独资子公司进入模式有显著的正向影响，而区域政治制度发展水平与外资企业选择独资模式进入区域市场存在显著的负向影响。假设1和假设3得到支持。而假设2与预设相反，未得到证实。模型6显示了合法性评价者对区域外资企业的认知对外资企业进入模式选择的影响。结果表明，在某区域成立的国际合资企业数占比越高，外资企业越可能与本地企业建立合资子公司进入当地市场。因此，合法性评价者对外资企业的认知越正面，接受程度越高，外资企业以独资形式进入当地市场越能够满足当地市场的要求。假设4得到了支持。模型7包括所有分析的自变量。针对不同自变量的影响系数，本研究采用沃尔德检验，以考察区域营商环境中区域制度发展水平与合法性评价者对外资企业的认知两个方面对外资企业进入模式选择的相对影响。结果显示，区域经济和政治制度发展水平的影响系数绝对值明显小于区域合法性评价者对外资企业认知的影响系数（$P<0.001$）。然而，区域社会制度发展影响系数的绝对值在统计意义上明显大于区域合法性评价者对外资企业认知的系数（$P<0.05$）。

表 5-3 描述性统计和相关系数表

	平均值	标准差	1	2	3	4	5	6	7	8
1. 外资企业的进入模式选择（WOS=1）	0.66	0.47								
2. 区域经济制度发展水平$_{t-1}$	0.76	0.77	0.04**							
3. 区域政治制度发展水平$_{t-1}$	0.6	0.56	-0.02	-0.19***						
4. 区域社会制度发展水平$_{t-1}$	2.53	0.05	0.17***	-0.20***	0.23***					
5. 区域国际合资企业占比$_{t-1}$	0.43	0.17	-0.29***	-0.20***	0.13***	-0.30***				
6. 外资直接投入$_{t-1}$	4.88	1.87	0.11***	0.10***	-0.15***	0.12***	-0.24***			
7. 生产者权利保护$_{t-1}$	6.38	1.57	-0.08***	0.54***	-0.18***	-0.12***	0.07***	0.38***		
8. 区域最高绩效外资企业子公司进入模式$_{t-1}$	0.7	0.46	0	0.17***	0	-0.14***	-0.21***	0.21***	0.38***	
9. 选址$_{t-1}$	0.93	0.26	0.04**	0.36***	0.28***	-0.03*	-0.22***	0.35***	0.50***	0.30***

续表

	平均值	标准差	1	2	3	4	5	6	7	8
10. 行业最高绩效外资企业子公司进入模式$_{t-1}$	0.5	0.5	0.15***	0.12***	-0.06**	0.09***	-0.32***	0.02	-0.03*	0.07***
11. 外资企业选择进入模式的规定$_{t-1}$	0.65	0.48	0.02	-0.13***	0.02†	0.03*	-0.03*	0.01	-0.07***	-0.05**
12. 区域内当地产业的合资企业百分比$_{t-1}$	0.47	0.29	-0.25***	-0.18***	0.06**	-0.17***	0.58***	-0.14***	0.04**	-0.10***
13. 外资企业来源地$_t$	0.51	0.5	-0.12***	-0.02	0.12***	0.10***	0.20***	-0.05***	0.04**	0
14. 子公司类型$_t$	0.59	0.49	0.06**	0.02	-0.09***	-0.04*	-0.06**	0.07***	0.08***	0
15. 员工数$_t$	4.86	1.04	0.03*	-0.03*	-0.01	0.03*	-0.11***	-0.03†	-0.08***	-0.06**
16. 总资产$_t$	9.84	1.4	-0.06***	0.17***	-0.05**	-0.05**	-0.04**	0	0.06***	0
17. 行业集中度$_{t-1}$	0	0	-0.08***	-0.04***	-0.01	-0.02	0.06**	0.05**	0.02†	-0.03†

续表

	9	10	11	12	13	14	15	16
10. 行业最高绩效外资企业子公司进入模式$_{t-1}$	0.06**							
11. 外资企业选择进入模式的规定$_{t-1}$	0.05**	0.02						
12. 区域内当地产业的合资企业百分比$_{t-1}$	−0.17***	−0.56***	−0.05**					
13. 外资企业来源地$_t$	0.01	−0.10***	−0.09***	0.13***				
14. 子公司类型$_t$	0.07***	0.08***	0.08**	−0.13***	−0.02			
15. 员工数$_t$	−0.04**	0.05**	0.10***	−0.12***	−0.11***	0.17***		
16. 总资产$_t$	−0.01	−0.04**	−0.21***	0.02	0.03*	−0.01	0.41***	
17. 行业集中度$_{t-1}$	0	−0.03*	−0.07***	0.10***	0.01	0.01	0.01	0.06***

注释:
1. N=5,131
2. *** P<0.001; ** P<0.01; * P<0.05; † P<0.10

表 5-4 外资企业进入模式选择的对数回归结果（≥95%外资所有权＝1）

	分析层面	模型 1	模型 2	模型 3	模型 4	模型 5	模型 6	模型 7
总资产$_t$	子公司	−0.07* (0.03)	−0.07* (0.03)	−0.08** (0.03)	−0.05† (0.03)	−0.07* (0.03)	−0.07* (0.03)	−0.07* (0.03)
员工数$_t$	子公司	−0.03 (0.04)	−0.03 (0.04)	−0.03 (0.04)	−0.05 (0.04)	−0.04 (0.04)	−0.05 (0.04)	−0.05 (0.04)
子公司类型$_t$	子公司	0.23*** (0.07)	0.22** (0.07)	0.22** (0.07)	0.28*** (0.07)	0.26*** (0.07)	0.21** (0.07)	0.24*** (0.07)
选址$_t$	区域	0.04 (0.15)	0.04 (0.15)	0.22 (0.17)	0.04 (0.15)	0.3993* (0.18)	−0.08 (0.15)	0.10 (0.19)
外资直接投入$_{t-1}$	区域	0.20*** (0.09)	0.20*** (0.09)	0.20*** (0.09)	0.16* (0.09)	0.15*** (0.09)	0.13*** (0.09)	0.12*** (0.10)
区域最高绩效外资企业子公司进入模式$_{t-1}$	区域	−0.18* (0.09)	−0.16† (0.09)	−0.19* (0.09)	−0.04 (0.09)	−0.01 (0.09)	−0.40*** (0.09)	−0.22* (0.10)
生产者权利保护$_{t-1}$	区域	−0.16*** (0.03)	−0.19*** (0.03)	−0.18*** (0.03)	−0.14*** (0.03)	−0.22*** (0.03)	−0.10*** (0.03)	−0.15*** (0.04)
行业最高绩效外资企业子公司进入模式$_{t-1}$	行业	0.08 (0.08)	0.07 (0.08)	0.08 (0.08)	0.06 (0.08)	0.06 (0.08)	0.07 (0.08)	0.06 (0.08)

续表

	分析层面	模型 1	模型 2	模型 3	模型 4	模型 5	模型 6	模型 7
外资企业选择进入模式的规定$_{t-1}$	行业	-0.98***	-1.00***	-1.01***	-0.99***	-1.05***	-1.15***	-1.13***
		(0.28)	(0.28)	(0.28)	(0.28)	(0.28)	(0.29)	(0.28)
行业集中度$_{t-1}$	行业	-39.77†	-39.93†	-37.98†	-33.74	-29.32	-34.72	-30.21
		(21.23)	(21.25)	(21.24)	(21.22)	(21.27)	(21.36)	(21.37)
区域内当地产业的合资企业百分比$_{t-1}$	行业×区域	-1.10***	-1.07***	-1.05***	-0.93***	-0.73***	-0.37*	-0.36*
		(0.15)	(0.15)	(0.15)	(0.15)	(0.16)	(0.16)	(0.17)
外资企业来源地$_t$	海外	-0.40***	-0.40***	-0.39***	-0.47***	-0.46***	-0.31***	-0.37***
		(0.03)	(0.03)	(0.03)	(0.03)	(0.03)	(0.03)	(0.04)
行业虚拟变量		包括	包括	包括	包括	包括	包括	包括
年份虚拟变量		包括	包括	包括	包括	包括	包括	包括
区域经济制度发展水平$_{t-1}$	区域		0.11†			0.13†		0.09
			(0.06)			(0.07)		(0.07)
区域政治制度发展水平$_{t-1}$	区域			-0.16*		-0.33***		-0.13
				(0.07)		(0.08)		(0.09)
区域社会制度发展水平$_{t-1}$	区域				5.28***	6.42***	4.14***	
					(0.64)	(0.68)		(0.75)

续表

分析层面		模型 1	模型 2	模型 3	模型 4	模型 5	模型 6	模型 7
区域	区域国际合资企业占比$_{t-1}$				-11.02***	-13.77***	-2.73***	-1.96***
					(2.19)	(2.26)	(0.27)	(0.31)
	常数项	2.06	2.21	1.99			3.78*	-6.90**
		(1.51)	(1.51)	(1.51)			(1.52)	(2.48)
	似然比 Chi² 差值检验		2.88†	5.26*	70.17***	98.69***	107.37***	138.43***
	Pesudo-R2	0.09	0.09	0.10	0.11	0.11	0.11	0.12

注：
1. N=5,131
2. ***P<0.001；**P<0.01；*P<0.05；†P<0.10

表 5-5 与表 5-6 分别展示了以外资所有权份额为 90% 和 85% 临界点划分外资独资子公司与国际合资子公司的稳健性检验结果。上述结果与以外资所有权份额为 95% 的划分方式结果一致。表明外资企业子公司进入模式的不同所有权划分标准不会改变研究结论。

根据分析结果，控制变量对外资企业的进入模式选择有显著影响。区域外商直接投资总量对新进入该区域外资企业选择独资形式有积极影响。区域行业内最高绩效的外资企业子公司进入模式选择对新进入该区域的外资企业进入模式选择有积极影响。区域制度对生产者权利的更好保护将鼓励外资企业选择合资形式进入市场。在产业层面，外资企业进入鼓励类行业时很可能选择合资企业。这一发现的原因在于，政府鼓励的大部分外资企业投资行业为投资高技术和资本密集型行业。由于本土企业受困于技术落后的问题，政府鼓励外资企业与本土企业合作，以合资形式推动高端技术的溢出效应。因此，新进入区域市场的外资企业将通过与当地企业建立合资子公司，降低市场进入的难度。此外，以出口为导向的外资企业子公司、总资产规模较小的子公司，以及来自中国香港、澳门和台湾地区的外资企业设立的子公司更可能采用独资形式进入当地市场。最后，当某区域的行业内大多数其他外资企业都采取合资形式进入该区域时，外资企业则可能在该区域设立合资子公司。

表5-5 外资企业进入模式选择的对数回归结果（≥90%外资所有权=1）

	分析层面	模型1	模型2	模型3	模型4	模型5	模型6	模型7
总资产$_t$	子公司	-0.06* (0.03)	-0.06* (0.03)	-0.07* (0.03)	-0.05 (0.03)	-0.06* (0.03)	-0.06* (0.03)	-0.06* (0.03)
员工数$_t$	子公司	-0.03 (0.04)	-0.03 (0.04)	-0.02 (0.04)	-0.05 (0.04)	-0.05 (0.04)	-0.04 (0.04)	-0.05 (0.04)
子公司类型$_t$	子公司	0.24*** (0.07)	0.22** (0.07)	0.23** (0.07)	0.28*** (0.07)	0.21** (0.07)	0.27*** (0.07)	0.24*** (0.07)
选址$_t$	区域	-0.03 (0.15)	-0.03 (0.15)	0.17 (0.17)	-0.03 (0.15)	-0.12 (0.15)	0.33† (0.18)	0.06 (0.19)
外资直接投入$_{t-1}$	区域	0.20*** (0.02)	0.20*** (0.02)	0.20*** (0.02)	0.17*** (0.02)	0.13*** (0.02)	0.16*** (0.02)	0.12*** (0.02)
区域最高绩效外资企业子公司进入模式$_{t-1}$	区域	-0.18* (0.09)	-0.16† (0.09)	-0.19* (0.09)	-0.06 (0.09)	-0.38*** (0.09)	-0.03 (0.09)	-0.21* (0.09)
生产者权利保护$_{t-1}$	区域	-0.16*** (0.03)	-0.20*** (0.03)	-0.18*** (0.03)	-0.14*** (0.03)	-0.11*** (0.03)	-0.22*** (0.03)	-0.15*** (0.03)
行业最高绩效外资企业子公司进入模式$_{t-1}$	行业	0.15† (0.08)	0.15† (0.08)	0.15† (0.08)	0.14† (0.08)	0.15† (0.08)	0.14† (0.08)	0.15† (0.08)

续表

分析层面		模型 1	模型 2	模型 3	模型 4	模型 5	模型 6	模型 7
外资企业选择进入模式的规定$_{t-1}$	行业	−0.73* (0.29)	−0.75** (0.29)	−0.76** (0.29)	−0.75** (0.29)	−0.92** (0.29)	−0.81** (0.29)	−0.90** (0.29)
行业集中度$_{t-1}$	行业	−40.30† (21.11)	−40.51† (21.13)	−38.45† (21.11)	−34.26 (21.11)	−35.33† (21.22)	−29.87 (21.17)	−30.82 (21.26)
区域内当地产业的合资企业百分比$_{t-1}$	行业×区域	−0.94*** (0.15)	−0.90*** (0.15)	−0.88*** (0.15)	−0.77*** (0.15)	−0.20 (0.17)	−0.56*** (0.16)	−0.19 (0.17)
外资企业来源地$_t$	海外	−0.41*** (0.07)	−0.40*** (0.07)	−0.39*** (0.07)	−0.47*** (0.07)	−0.31*** (0.07)	−0.45*** (0.07)	−0.37*** (0.07)
行业虚拟变量		包括	包括	包括	包括	包括	包括	包括
年份虚拟变量		包括	包括	包括	包括	包括	包括	包括
区域经济制度发展水平$_{t-1}$	区域		0.12† (0.06)				0.14† (0.07)	0.10 (0.07)
区域政治制度发展水平$_{t-1}$	区域			−0.17* (0.07)			−0.34*** (0.08)	−0.14 (0.09)
区域社会制度发展水平$_{t-1}$	区域				5.24*** (0.64)		6.42*** (0.68)	4.06*** (0.76)

续表

分析层面		模型 1	模型 2	模型 3	模型 4	模型 5	模型 6	模型 7
区域	区域国际合资企业占比$_{t-1}$					-2.77***		-1.99***
						(0.27)		(0.31)
	常数项	1.56	1.71	1.49	-11.42***	3.34*	-14.29**	-7.17**
		(1.51)	(1.51)	(1.51)	(2.19)	(1.52)	(2.27)	(2.49)
	似然比 Chi^{2}差值检验		2.87†	6*	72.31**	110.46***	102.88***	143.01***
	Pseudo-R^2	0.09	0.09	0.10	0.10	0.11	0.11	0.12

注：
1. N=5,131
2. ***P<0.001；**P<0.01；*P<0.05；†P<0.10

表5-6 外资企业进入模式选择的对数回归结果（≥85%外资所有权=1）

	分析层面	模型1	模型2	模型3	模型4	模型5	模型6	模型7
总资产$_t$	子公司	-0.07* (0.03)	-0.07* (0.03)	-0.07* (0.03)	-0.05† (0.03)	-0.07* (0.03)	-0.07* (0.03)	-0.07* (0.03)
员工数$_t$	子公司	-0.03 (0.04)	-0.03 (0.04)	-0.03 (0.04)	-0.05 (0.04)	-0.04 (0.04)	-0.05 (0.04)	-0.05 (0.04)
子公司类型$_t$	子公司	0.21** (0.07)	0.20** (0.07)	0.20** (0.07)	0.25*** (0.07)	0.24*** (0.07)	0.18** (0.07)	0.21** (0.07)
选址$_t$	区域	0.05 (0.15)	0.04 (0.15)	0.24 (0.17)	0.05 (0.15)	0.42* (0.18)	0.13 (0.15)	0.13 (0.19)
外资直接投入$_{t-1}$	区域	0.20*** (0.02)	0.19*** (0.02)	0.19*** (0.02)	0.16*** (0.02)	0.15*** (0.02)	0.13*** (0.02)	0.12*** (0.02)
区域最高绩效外资企业子公司进入模式$_{t-1}$	区域	-0.19* (0.09)	-0.17† (0.09)	-0.20* (0.09)	0.06 (0.06)	0.04 (0.09)	-0.39*** (0.09)	-0.22* (0.10)
生产者权利保护$_{t-1}$	区域	-0.15*** (0.03)	-0.19*** (0.03)	-0.17*** (0.03)	-0.14*** (0.03)	-0.21*** (0.03)	-0.10** (0.03)	-0.14*** (0.03)
行业最高绩效外资企业子公司进入模式$_{t-1}$	行业	0.10 (0.08)	0.09 (0.08)	0.10 (0.08)	0.09 (0.08)	0.08 (0.08)	0.09 (0.08)	0.08 (0.08)

续表

	分析层面	模型 1	模型 2	模型 3	模型 4	模型 5	模型 6	模型 7
外资企业选择进入模式的规定$_{t-1}$	行业	-1.02*** (0.28)	-1.03*** (0.28)	-1.04*** (0.29)	-1.02*** (0.28)	-1.08*** (0.29)	-1.18*** (0.29)	-1.17*** (0.29)
行业集中度$_{t-1}$	行业	-43.59* (21.31)	-43.68* (21.31)	-41.63† (21.31)	-37.23† (21.29)	-32.35 (21.33)	-37.91† (21.37)	-33.01 (21.41)
区域内当地产业的合资企业百分比$_{t-1}$	行业×区域	-1.07*** (0.15)	-1.03*** (0.15)	-1.01*** (0.15)	-0.89*** (0.15)	-0.69*** (0.16)	-0.33* (0.17)	-0.31† (0.17)
外资企业来源地$_t$	海外	-0.39*** (0.07)	-0.39*** (0.07)	-0.38*** (0.07)	-0.46*** (0.07)	-0.44*** (0.07)	-0.30*** (0.07)	-0.36*** (0.07)
行业虚拟变量		包括	包括	包括	包括	包括	包括	包括
年份虚拟变量		包括	包括	包括	包括	包括	包括	包括
区域经济制度发展水平$_{t-1}$	区域		0.11† (0.06)			0.13† (0.07)		0.08 (0.07)
区域政治制度发展水平$_{t-1}$	区域			-0.17* (0.07)		-0.35*** (0.08)		-0.15† (0.09)
区域社会制度发展水平$_{t-1}$	区域				5.36*** (0.64)	6.55*** (0.68)		4.25*** (0.76)

续表

分析层面		模型 1	模型 2	模型 3	模型 4	模型 5	模型 6	模型 7
区域国际合资企业占比$_{t-1}$	区域						−2.78***	−1.97***
							(0.27)	(0.31)
常数项		2.05	2.19	1.98	−11.24***	−14.14***	3.81*	−7.20**
		(1.51)	(1.51)	(1.51)	(2.19)	(2.26)	(1.52)	(2.49)
似然比 Chi² 差值检验			3.41†	6.08*	68.66**	98.88***	110.27***	140.10***
Pseudo-R²		0.09	0.09	0.10	0.11	0.11	0.11	0.12

注：
1. N=5,131
2. ***P<0.001；**P<0.01；*P<0.05；†P<0.10

第三节　结论与讨论

本章的研究结论提出，区域营商环境对外资企业初次进入该区域市场的所有权进入模式选择具有显著的影响。其中，区域制度发展水平对外资企业进入模式选择的影响存在维度上的差异。区域经济和社会制度发展水平会带来外资企业追求更高的所有权控制，进而帮助外资企业子公司追求更高的经营效率，并获得经营的全部经济收益。而区域政治制度发展水平越高时，外资企业越可能选择国际合资形式进入市场。一方面，该发现说明良好的区域政治制度能够降低中外合资子公司的运营风险。本研究证实了以往研究的发现，东道国良好的投资政策能有效保护企业的核心知识，从而降低核心技术被本地企业侵占的风险。外商投资者可以选择低水平的所有权模式进入东道国市场。另一方面，该发现也反映了在推进营商环境过程中政府所扮演的重要角色。为了促进经济发展，地方政府竞相采取措施，制定符合本地经济结构特征的发展政策（Child, Tse 2001）。同时，各地经济发展排名与地方政府官员的行政能力、行政绩效挂钩，使各地政府竞相出台吸引外资的政策（金太军，汪波 2003）。为了增加本地市场的吸引力，一些区域政府倾向采用地方保护政策，干预市场机制运作。这些政策维护了在本地投资的外资企业和本土企业的短期利益，排除了来自其他省份企业的竞争。因此，外资企业倾向于以独资模式进入这类区域市场，以便今后获取更大的差额利润及垄断优势。

同时，研究结论发现区域合法性评价者对外资企业的认知对外资企业进入模式选择具有显著的影响，且该制度维度发展水平比区域经济和政治制度发展水平对外资企业进入模式选择的影响力度更大。该结论表明，当外资企业初次进入区域市场时，获得合法性是外资企业做出进入模式选择决策的重要动力目标。通过追随其他具有相同社会身份的外资企业战略，新进入区域市场的外资企业能够降低新兴市场营商环境尚不完善的风险。同时,本章结果表明,区域社会制度发展水平对外资企业进入模式选择的影响大于合法性评价者对外资企业的认知。该发现印证了中国传统文化亲缘关系对市场经济活动决策影响的重要性。外资企业进入某区域需更加迎合该区域社会制度的价值观、信用机制和人际之间的关系范式。

本章发现为国际商务管理研究提供了一些启示。首先,未来的研究可以探索区域制度环境对外资企业进入模式选择的影响过程。研究结果表明,区域制度环境的差异可以在很大程度上解释外资企业在合资企业和独资企业之间的进入模式选择。为了提高效率与合法性,外资企业需要针对区域营商环境的维度、不同要素采取适当的进入模式。然而,管理东道国市场制度特异性的能力在外资企业进入战略选择方面发挥着重要作用(Henisz 2003;Henisz,Delios 2002)。因此,未来研究可以拓展本章结论,探讨不同外资企业是否拥有管理制度特异性的不同能力,进而针对营商环境的不同方面选择进入模式。

其次,研究人员可侧重不同的分析层面,研究当地产业层面的制度环境对外资企业进入模式选择的影响。在以往关于外资企业进入模式选择的文献中,大部分研究讨论东道国产业的效应。但学者们忽视了地方政府在影响东道国产业结构演变的过程中具有重要的影响。由于地方政府的财政收入高度依赖于当地优势产业中的优秀企业绩效表现,地方政府有很大的动力来促进本地先进产业的发展。因此,未来的研究可以探讨地方产业的制度环境对外资企业进入模式选择的影响。

此外,本研究还采用外资企业与当地企业成立合资子公司的比例来代表合法性评价者对外资企业的认知。本研究认为,区域国际合资子公司占比越大,表明该区域的合法性评价者对外资企业独立开展商事活动存在负面评价。然而,这种测量方法是否能准确捕捉到合法性评价者对外资企业的认知还需要进一步研究。通过观察在不同区域开展商事活动的外资企业子公司与该区域合法性评价者之间的具体互动,明确合法性评价者对外资企业是否持正面或负面的认知。

最后，未来研究可以进一步探讨外资企业在经营过程中对区域营商环境有怎样的影响。以往研究提出，外商直接投资流入能够促进政府职能转变进而产生明显的制度变迁效应（肖利平，宋一弘 2018）。作为区别于本土企业的重要市场主体，外资企业参与区域经济活动，推动区域经济与技术发展，与当地众多利益相关者开展经济与社会交换，对区域制度发展以及合法性评价者对外资企业的认知变化产生影响。外资企业对区域营商环境不断优化与完善具有重要的影响。区域营商环境的不断发展也将为外资企业的经营带来便利。

随着体制改革的不断深入，我国的区域制度环境也将不断发展。外商投资者在进入中国区域市场时，需要观察本区域内其他外资企业的进入模式，并加以模仿，以获得外资企业在当地市场的合法化经营，进而抓住区域市场中的机遇，规避风险，提高经营效益。区域政府应进一步完善区域市场的开放程度，降低与其他省和地区之间的投资政策壁垒。完善国内统一产品和生产资料市场的跨省竞争与合作。尽管地方保护政策可能维护本区域经营投资企业的利益，但从长远来看，这些保护政策不利于资源在各区域之间的自由流通和优化配置，也不利于本地经济结构的优化和产业升级。这样的营商环境将阻碍外资企业在各区域市场的经营活动和本土企业的成长，不利于国内统一要素市场与消费市场的形成。

第六章

区域制度发展水平与外资企业子公司绩效

本章将探讨区域制度发展水平对外资企业子公司绩效的影响。具体而言，将探讨区域经济、政治、社会制度发展水平对外资企业子公司绩效水平和绩效差异的影响，提出两组假设，并在研究方法和结论与讨论部分分别介绍研究分析过程和研究发现的启示。

如前所述，东道国营商环境存在区域间的差异，具体体现在各区域政策差异（Cheng, Kwan 2000）、政府透明度与执法监督力度的不同（Du 等 2008）、原料市场与消费市场潜力（Cooke 等 1997）、社会价值观，以及合法性评价者对外资企业的认知等。这些差异决定了企业在当地市场开展业务所面临的挑战和机遇，影响外资企业做出不同的进入模式选择（Chadee, Qiu, Rose 2003；Coughlin, Segev 2000；Meyer, Nguyen 2005）。然而，区域营商环境的差异不仅影响外资企业在进入该区域时的战略决策，还对外资企业设立的子公司后续经营效果产生影响。Chan 等学者（2010）发现东道国区域差异对外资企业子公司的绩效差异存在显著影响。而 Chan 与 Du（2021）研究结果表明，外资企业子公司绩效的提升与东道国亲市场化的制度演化有直接的关系。本章将利用 2000—2005 年中国 28 个地区的 186107 个面板观察样本，考察区域经济、政治和社会制度发展水平对外资企业子公司绩效的影响。

111

第一节 假设提出

一、区域制度发展水平与外资企业子公司绩效水平

外资企业在东道国不同区域市场设立子公司，开展经营活动，参与当地的商业活动，因各区域的经济、政治和社会制度发展水平的差异而承担不同水平的交易成本和生产转化成本（胡少东等 2011）。因此，外资企业子公司开展市场交易和内化制造生产的决策影响其经营效率和盈利能力（Chan 等 2010；Child，Tse 2001；Zhou 等 2002）。

经济制度较发达的区域能够降低外资企业子公司在当地市场开展公平交易的成本，提高内部生产转化效率，降低外资企业将输入资源转化为产出产品和服务的转型成本。经济制度较发达的区域市场存在许多中介机构，如律师事务所、审计和会计师事务所，能够获得丰富而具体的市场信息，为客户企业提供专业的市场咨询、服务与解决方案。外资企业子公司通过中介制度能够更好地收集和了解当地市场存在的潜在机遇与风险，从而最大限度地降低作为外来者因对东道国市场的不熟悉而承担的搜寻成本（Eden，Miller 2004）。基于中介制度提供的市场信息，外资企业子公司探索区域市场机遇的可能性增高，而所需承担的风险也将随之降低。

发达的区域资本市场可以降低外资企业搜索外部资金支持的成本。由于外资企业子公司对日常经营过程中资金获得的灵活性要求较高，若过度依赖内部资金，可能出现内部资本低效配置或资金堆积的问题。若过度依赖外资企业母公司的资金又可能导致较高的内部治理风险。以充足的外部资金作保证，外资企业子公司不必承担额外的资本运作风险和高融资成本（Cooke 等 1997；Liebeskind 2000；Myers，Majluf 1984）。同时，发达的外

部资本市场可以作为有效的外部公司治理监督机制，监督外资企业子公司的资本使用效率，提高外资企业子公司的监管透明度。随着当地市场金融资本制度发达程度的提高，外资企业子公司将克服制约其开展本地商事活动的资金问题。

发达的区域经济制度为各类企业提供先进的技术，保证外资企业子公司在本地经营的技术。当某区域拥有较发达的技术时，子公司的员工也具有较高水平的技术和知识沉淀，能够更好地吸收外资企业带来的先进技术和管理经验，从而降低子公司经营转型成本（Chung，Alcacer 2002）。外资企业子公司可以利用先进的当地技术开发本土化产品和服务，而无需投入过多的额外资源自行开发。外资企业子公司在这类区域市场更容易结合自身优势和本土技术特征，降低经营成本，提高效率，获得更高水平的绩效。

发达的区域政治制度包括高效的法律执行（Klein 1980）、廉洁的地方政府（Du 等 2008）、优惠的投资政策和较少的政府干预（Cheng，Kwan 2000；Globerman，Shapiro 1999）。发达的区域政治制度环境有利于外资企业子公司交易成本的降低。高效的执法系统可以减少信息不对称和市场交易各方有限理性带来的风险。外资企业子公司在拥有高效执法系统的区域能够保证其经济合同的顺利执行，提高交易各方机会主义行为的成本。政府执政的廉洁程度和吸引投资的优惠政策（如，降低税率或减少投资壁垒），以及政府对市场机制干预的降低都会防止外资企业子公司承担额外的成本，提高从事经济活动的效率（Bai，Du，Tao，Tong 2004；He 等 2008）。有研究表明，当新兴经济体政府执政不透明的时候，外资企业子公司很可能投入更多精力探求并尝试低效率的非市场行为（Habib，Zurawicki 2002）。例如，在公开招标活动中，外资企业可能因与当地招标项目负责机构的关系不如本土企业亲近而错失市场机遇。而当区域政府坚持基于市场机制，致力于效率优先兼顾公平的原则时（Coughlin，Segev 2000；Meyer，Nguyen 2005；Nee 1992），外资企业子公司更容易掌握市场机制的公平交易原则，降低参与当地商事经营活动的成本，基于自身的竞争优势获得市场机遇，而非通过与当地政府部门构建紧密关系开展经营活动。

区域社会制度的不同发展水平也会影响外资企业子公司的绩效水平。发达的区域社会制度通过两种方式降低外资企业子公司因在当地市场开展商事经营活动而承担的交易成本和不确定性，从而提高外资企业子公司的经营效率。首先，发达的区域社会制度降低了外资企业子公司因处于本地社会网络之外的劣势而承担的交易成本。由于较活跃的社会交往活动和高度的人际信任能够促进社会资本的形成，促进个体之间、组织之间以及个体与组织之间的合作、互惠互动和自愿性地经济与社会交换（Putnam 1993），当地利益相关者能够以较低的成本熟悉在该区域经营的外资企业子公司，更容易接受外资企业子公司的产品和服务（Cui & Liu, 2000）。此外，随着经济和社会交换的增加，外资企业子公司对区域市场的了解也在加深，克服外来者身份和处于区域市场网络之外的劣势。因此，外资企业子公司与当地利益相关者之间更容易在这种社会制度发展状态下形成（McEvily, Perrone, Zaheer 2003；Zaheer 等 1998）。外资企业子公司评估不熟悉的交易方、监督合同执行和处理意外情况的成本因此得到削减（McEvily 等 2003a；Storper 2005）。

其次，发达的区域社会制度为外资企业的经营带来了中观环境的稳定性，从而减少因社会动荡带来的经营风险（Morgan 1997）。社会环境的稳定对外资企业子公司在东道国市场的持续经营和发展至关重要（Child, Tse 2001）。在一个稳定的社会环境中，外资企业子公司不会受到突发社会事件的冲击（Loree, Guisinger 1995）。同时，提高社会环境的稳定性能够改善当地市场的营商环境，也可以显著提升企业的技术创新效率，提高企业技术创新的风险承担意愿（高远，刘泉红 2023），为外资企业子公司持续在区域市场投资和发展提供更大的动力，最终提高外资企业在当地市场的长期投资总量（赵勇，马珍妙 2023）。

与发达的区域经济、政治、社会制度相比，欠发达的区域制度环境增加了外资企业子公司的交易成本和运营转化成本。外资企业子公司在当地经营的不确定性风险提高。具体而言，欠发达区域经济制度提高了外资企业子公司寻求市场机会、获得外部资本和先进知识的难度。当区域市场中介制度数量不足、资本金融市场不够发达、技术落后。因此，外资企业子公司在这类区域市场需承担额外的交易成本和转化成本，才能克服这些区域市场的阻碍。例如，因为这些市场缺少专业的中介机构，外资企业子公司在该区域市场需投入额外的成本进行市场调研，投入更多的资金开拓信息渠道（Khanna, Palepu 2000；Nee 1992；Peng, Luo 2000）。同时，由于没有足够的当地资本市场支持，外资企业子公司不得不承担巨大的公司治理风险，溜滞大量的运营资本，防止当地欠发达的资本金融系统引起运营资本缺口（Khanna, Palepu 1997）。最后，由于当地市场缺乏先进的技术保障，外资企业子公司在进行技术转移的过程中，将承担较高的转化成本。

欠发达的区域政治制度也会降低外资企业子公司的绩效水平。例如，当区域市场政治环境缺乏透明度时，相关部门制度可能过度干预市场资源和收入的再分配。外资企业子公司需要承担额外的成本才能与相关部门建立并保持良好的关系。而过度投入政府关系的非经济行为可能增加外资企业子公司在企业内部和其他子公司之间的矛盾，导致更高的治理成本。一方面，外资企业子公司为了获得当地市场信息和政府掌控的稀缺资源，不得不投入更多的额外成本建立政企关系（Rodriguez 等 2005）。另一方面，外资企业子公司需执行和满足外资企业对整体效率追求的目标，降低成本。因此，在政治制度欠发达的区域，外资企业子公司可能会在协调内部和外部要求方面付出额外的努力，从而压缩绩效水平。

此外，欠发达的区域社会制度也给外资企业子公司融入当地商业网络带来了挑战，在这些区域市场，因为人际之间的信任主要基于亲缘和地缘联系，外资企业子公司缺少关系基础，很难与当地企业建立普遍而可靠的信任机制（付泳 2008）。由于缺乏独立的信任机制，社会组织和个体互动缺乏互惠性。人际信任度的降低和缺乏互惠性的社会交换将限制外资企业与本土各方的信息交换，不利于当地利益相关者与外资企业之间的了解。在这种社会制度情境下，市场交易的缔约成本和履约成本均会增加（Uzzi 1997；Zaheer 等 1998）。此外，不稳定的社会环境也威胁着外资企业子公司在东道国市场的可持续经营和长期投入。因此，在区域社会制度欠发达的区域，外资企业子公司的绩效水平较低。

综上所述，本章提出外资企业子公司的绩效水平会随着区域经济、政治和社会制度发展水平的提高而提高。然而，在区域经济、政治和社会制度发展达到一定程度后，制度环境为外资企业子公司经营带来的优势将逐渐削弱。因为这类区域市场往往会吸引大量具有竞争力的企业在当地开展商事活动。在这些地区，随着企业数量的增加，资源市场和产品市场也将出现激烈的竞争。外资企业子公司在愈加激烈的竞争环境中为了寻找市场机遇，规避因竞争带来的风险，将需要投入更多的经营成本。因此，区域制度环境提供的机遇将被更多企业带来的竞争风险所抵消，外资企业子公司的绩效水平在区域制度发展达到一定程度后出现下滑。本研究提出如下三组假设：

假设5：区域经济制度发展水平与外资企业子公司绩效水平呈正曲线关系。

假设6：区域政治制度发展水平与外资企业子公司绩效水平呈正曲线关系。

假设7：区域社会制度发展水平与外资企业子公司绩效水平呈正曲线关系。

二、区域制度发展水平与外资企业子公司的绩效差异

尽管在区域经济、政治和社会制度欠发达的区域，外资企业子公司的绩效水平往往较低，但本章认为在这些区域从事商事活动的外资企业子公

司获得的绩效水平差异较大。原因在于，在这些区域市场开展战略活动很难获得确切而稳定的绩效产出，导致外资企业子公司面临高度不确定性。具体而言，欠发达的区域经济制度意味着缺乏对外资企业子公司在当地市场运营的外部支持。这种不利环境增加了外资企业子公司参与市场交易和业务转化等行为的不确定性。为了应对这样高度不确定的环境并提高生存概率，组织在高度不确定环境中倾向探索性活动。因此，外资企业子公司很可能会尝试各种不同的战略。然而，由于探索性行动结果通常很难被及时准确地预测，外资企业子公司之间的绩效差异可能会变大。同时，区域政治和社会制度的不稳定也会破坏外资企业子公司的稳定性，增加其机会主义行为出现的概率（Habib, Zurawicki 2002）。而政府执法不力且市场信息透明度较低将导致相同的战略举措也会获得不同的绩效结果。

此外，在经济、政治和社会制度欠发达的区域，外资企业子公司管理制度差异的能力将发挥重要作用。外资企业子公司管理制度的能力存在差异（Henisz 2003）。拥有不同制度管理能力的子公司将采取不同的措施应对制度不确定性。在经济制度欠发达的区域，能力较强的子公司可以吸引本地更具竞争能力的商业伙伴构建良好的合作关系，并获得这些利益相关者的外部支持，而能力较弱的子公司无法与中介和金融机构建立良好的关系，也很难吸引优秀的技术人才或获得更具能力的技术支持（Peng, Lee, Wang 2005）。

同样，在区域政治和社会制度欠发达的地方，具有这种能力的外资企业子公司往往会通过与当地政府和公众建立良好的关系来缓解不利环境带来的不确定性。例如，区域政府决定着当地的资源分配（Walder 1995）。如果子公司有很强的能力管理区域制度的特异性，就可以与区域政府建立更强的关系，免受当地行政的干预，提高经营自主权（Peng, Luo 2000）。此外，欠发达的区域社会制度缺乏人际间和组织间的信任机制。良好的声誉对企业保护产权（Khanna, Palepu 2000b），对吸引当地机构合作并提供资源具有重要意义。如果外资企业子公司拥有强大的能力来管理欠发达的区域制度，子公司便能在当地市场获得较高的声誉，从而比能力较差的子公司取得更好的绩效表现。具体来说，善于处理缺乏信任和互惠机制的子公司将有能力在当地缺乏信任的社会环境下树立可靠的企业形象，保护自身资产并吸引更多合作方，从而实现比其他子公司更高的绩效水平。即便在区域市场出现动荡的情况下，善于处理欠发达制度的子公司能够避免社会环境的不确定性所造成的负面影响。

相比之下，经济、政治和社会制度发达的区域能规范合法性战略选择并确保相应的绩效结果。外资企业子公司通过遵守这些组织惯例，可以提高生存几率并减少利益相关者的质疑（DiMaggio，Powell 1983；Meyer，Rowan 1977；Oliver 1991）。因此，外资企业子公司倾向于模仿区域制度明确允许的合法性战略活动，从而避免在东道国市场经营的不确定性。遵循同构压力下的合法战略活动使得在区域制度发达地区的外资企业子公司能够取得相似的绩效。

同时，当区域经济、政治和社会制度发展到一定程度时，外资企业子公司管理制度的能力将失去作用（Peng 2003）。由于发达的区域制度能够保证市场交易的公平和高效，外资企业子公司不再需要发挥其制度管理能力与重要的商业伙伴、政府机构和社会团体保持紧密联系。在制度较为完善的区域，子公司将遵循明确的制度规则，选择合法战略，并获得明确的绩效结果。因此，在制度发展较好的区域，外资企业子公司的绩效差异较小。

综上所述，区域经济、政治和社会制度发展水平与外资企业子公司绩效的差异呈负向关系。然而，当区域制度发展水平达到一定程度时，这种关系可能发生变化。在经济、政治和社会制度高度发达的区域，企业特定优势对外资企业子公司绩效的影响将超过发达的制度因素带来的影响。例如，具有较强市场分析能力的外资企业子公司在竞争激烈的市场中能够保持较高的存活率。这一论点的基本原理是，区域制度的发展可能伴随着外资直接投资数额的增加。在制度高度发达的区域，具有较强分析复杂环境

<<<　第六章　区域制度发展水平与外资企业子公司绩效

能力的外资企业子公司能够抓住更多的市场机遇，从而获得更高的绩效。然而，在这类区域中，市场分析能力较弱的子公司很难在高度竞争中获得更多的市场机遇，从而获得更低的绩效。因此，在区域经济、政治和社会制度发展到较高水平时，外资企业子公司的绩效差异将再次拉大。

假设8：区域经济制度发展水平与外资企业子公司的绩效差异呈负曲线关系。

假设9：区域政治制度发展水平与外资企业子公司的绩效差异呈负曲线关系。

假设10：区域社会制度发展水平与外资企业子公司的绩效差异呈负曲线关系。

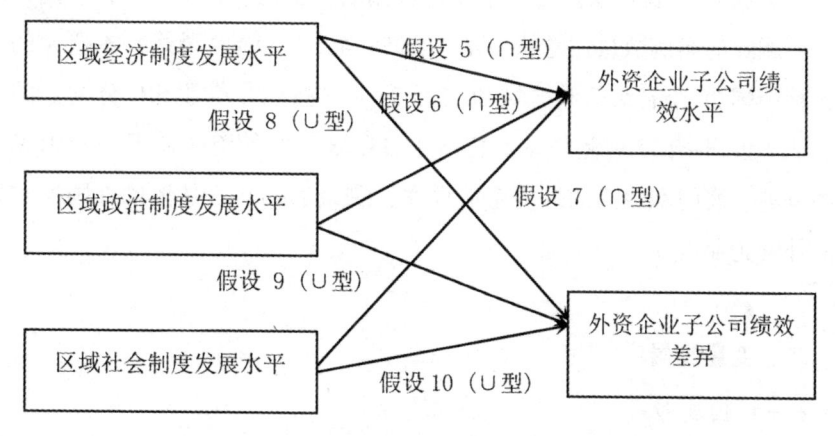

图 6-1　区域制度发展与外资企业子公司的绩效

第二节 研究方法

一、数据和样本构建

为了进行数据分析，本章利用了国家统计局 2000 年至 2005 年的工业调查数据库构建了样本。在样本选择过程中，删除了出现以下情况的外资企业子公司：（1）缺少财务信息的子公司；（2）连续记录不足两年的子公司；（3）无法获取其联营公司注册地数据的子公司。在整个分析时间跨度内，被删除的案例数量占总样本的 20.05% 至 32.69%。最终，本研究的样本包括中国 28 个省级行政区域和 39 个行业（按照 2 位数 SIC 分类）的外资企业子公司-年度观测样本。样本中 53.28% 的外资企业子公司由来自中国香港、澳门和台湾的外资企业设立，剩余的样本由其他境外国家和地区的外资企业设立。

二、变量测量

（一）因变量

本章关注的因变量是外资企业子公司的绩效水平和绩效差异。为了衡量绩效水平，研究选择使用销售回报率（ROS）。之所以选择这一指标而不是投资回报率，主要是因为在相对欠发达的发展中国家，资产的准确定价在资本市场上往往较为困难，这给评估企业财务绩效带来了挑战，也可能导致较大的估值误差。因此，投资回报率可能无法准确反映外资企业子公司的盈利能力。相比之下，ROS 作为衡量绩效水平的指标能够更好地评估外资企业子公司在当前财务期间的产品销售能力，并体现了子公司对区域制度发展水平的敏感程度，能够更好地观察到区域制度发展水平对外资企业子公司经营效率的影响。

根据以往的研究，本章使用外资企业子公司的销售回报率（ROS）与其所在区域平均销售回报率之间的偏离程度来衡量外资企业子公司的绩效差异（即"Risk"）（Chan 等 2010）。两个因变量的计算公式如下：

$$ROS_{ir,\,t} = \frac{Totalprofit_{ir,\,t}}{Sales_{ir,\,t}} \quad (6-1)$$

$$Risk_{ir,\,t} = |ROS_{ir,\,t} - \overline{ROS_{r,\,t}}| \quad (6-2)$$

i-外资企业子公司；

r-区域；

t-财务年份

其中，ROS 表示外资企业子公司的销售回报率，$\overline{ROS_{r,\,t}}$ 代表某区域所有外资企业子公司的销售回报率均值。通过计算各子公司的 ROS 与区域平均销售回报率的绝对距离，本章得到能够衡量外资企业子公司的绩效差异的指标，Risk。

（二）自变量

本章的自变量是区域制度发展水平。根据第五章提出的测量方法，本章以中国内地 28 个省级区域市场作为研究单元，对假设进行了检验。

为了验证区域制度发展的结构，首先进行了探索性因子分析，并采用了主成分和变异旋转法。共有 12 个指标加载到三个因子中，这三个因子解释了超过 64% 的总累积方差，最小特征值为 1.51。表 6-1 展示了分析结果。由于本章研究的区域样本与第五章的区域样本存在区别，为了检验区域制度发展的三因子结构拟合程度，本章再次进行了确定性因子分析，并将该结构与单因子结构模型进行了比较。结果表明，三因子模型①的拟合度与单因子模型有显著的差异（$\Delta \chi^2 = 211$，$\Delta d.f. = 3$，$p<0.001$），三因子模型的拟合度显著优于单因子模型。本章使用加载在同一因子维度上的指

---

① 三因素模型的拟合度为 $\chi^2/d.f. = 8.86$，$P = 0.000$，CFI = 0.64，GFI = 0.72，NFI = 0.61，IFI = 0.64，RMSEA = 0.22。单因素模型的拟合度为：$\chi^2/d.f. = 12.86$，$p = 0.000$，CFI = 0.45，GFI = 0.58，NFI = 0.43，IFI = 0.45，RMSEA = 0.26。

标的算术平均值来代表区域制度在相应维度上的发展水平。例如，区域经济制度发展的得分等于"人均 GDP"、"金融市场效率"、"技术发展"和"中介发展"的平均值。通过这种方式，本章能够综合评估区域制度在不同维度上的发展水平。

表 6-1 区域制度发展的探索性因子分析（中国 28 个省级区域）

	区域经济制度	区域政治制度	区域社会制度
1. 中介发展	**0.77**	-0.42	0.06
2. 技术开发	**0.88**	0.07	0.01
3. 金融市场的效率	**0.75**	0.24	0.21
4. 人均国内生产总值	**0.94**	-0.17	0.05
5. 地方政府的反腐败	-0.18	**0.84**	0.15
6. 第三方执法	-0.14	**0.83**	0.02
7. 减少地方保护主义	0.06	**0.61**	-0.11
8. 减少政府干预	0.42	**0.70**	0.30
9. 人们的生活态度	0.21	0.18	**0.55**
10. 公民参与	-0.26	-0.19	**0.67**
11. 人际信任	0.26	0.14	**0.65**
12. 社会稳定	0.03	-0.54	**0.55**

提取方法：主成分分析
旋转方法：带 Kaiser 归一化的 Varimax 旋转法

（三）控制变量

本章控制了外资企业子公司层面的多个因素，以排除它们对绩效的影响。这些因素包括公司年龄、组织资源、公司规模和进入时的治理结构。

以下是对这些控制变量的解释：(1) 子公司年龄：外资企业子公司的年龄被用作控制变量，以排除经验对绩效的影响。新成立的外资企业子公司可能缺乏在东道国市场开展业务的经验；(2) 总资产：外资企业子公司的组织资源是衡量其资源丰富程度的指标。资源丰富的子公司可以采取多样化战略，并与利益相关者保持良好关系，从而可能取得更好的绩效。本章使用子公司的总资产对数来控制组织资源对外资企业子公司绩效的影响；(3) 员工数：外资企业子公司的规模作为控制变量，使用雇员数量的自然对数来表示。大规模的外资企业子公司通常可以在制度相对欠发达的新兴市场保持运营的灵活性，并取得更好的绩效；(4) 进入模式：考虑到进入市场时的外资企业子公司所有权结构对绩效水平可能产生影响（Nitsch 等 1996）。本章将其作为控制变量。用"2"代表外资企业子公司为独资企业，"1"代表子公司为国际合资企业，"0"代表子公司为国际合作型项目企业；(5) 子公司类型：由于外资企业子公司是否以向海外市场出口制成品也会影响其绩效。因此，本章将子公司是否为出口导向纳入实证分析。对于拥有出口的外资企业子公司，本文将该变量编码为 1，从而表示子公司是出口导向型企业，否则为 0。外资企业子公司以出口为目标通常可以利用特定优势并高效生产，可能表现出不同的绩效水平；(6) 国有股权份额：考虑到与东道国政府构建政治关联的外资企业子公司可能获得更多的优惠政策或隐性福利，本研究将国有股权份额纳入分析，以控制转型经济中外资企业子公司与东道国政府的政治联系。该变量用国有股权相对于外资企业子公司总股权的比例表示。

此外，本章还控制了区域和母国层面的多个变量，以排除它们对外资企业子公司绩效的影响。以下是对这些控制变量的解释：(7) 选址：落户沿海地区的外资企业子公司通常可享受税收优惠和关税减免等优惠政策。为了控制区位因素对外资企业子公司绩效的影响，本研究将外资企业子公司在沿海地区投资赋值为 1，内地地区投资赋值为 0；(8) 大城市：由于北京和上海属于国家政治和经济发展的重要城市，吸引了大量外资企业前

123

来投资。为了控制大城市对外资企业子公司绩效的影响，本研究将北京和上海编码为1，其他城市为0；（9）外资直接投入量（FDI）：由于外资直接投资具有自我强化效应，控制外国直接投资流入量可以排除其对外资企业子公司绩效的影响；（10）外资企业来源地：为了控制母国的影响，本章将中国港澳台注册资本占比较大的外资企业子公司编码为0，其他编码为1；（11）行业集中度：使用东道国行业销售额排名前八位的公司代表行业集中度，以控制行业结构对外资企业子公司绩效的影响。此外，为了在多个层面上控制未观察到的固定效应，研究模型中还包括了年份虚拟变量、行业虚拟变量和区域虚拟变量。这些虚拟变量可以帮助控制其他可能影响绩效的因素，并提高模型的准确性。①

表6-2 本章研究所有变量名称及测量

	变量名称	测量方法
	因变量	
1	外资企业子公司绩效水平$_t$	销售收益率（ROS）
2	外资企业子公司绩效差异$_t$	销售收益率标准差
	自变量	
1	区域经济制度发展水平$_{t-1}$	运用主成分法进行探索性因子分析后，将各因子负荷的平均值作为测量区域经济、政治和社会制度发展水平的指标
2	区域政治制度发展水平$_{t-1}$	
3	区域社会制度发展水平$_{t-1}$	

---

① 由于无法获得区域社会制度的纵向数据，本文使用了七个板块地区的虚拟变量来替代省级地区虚拟变量。根据中央政府的行政区划，七个板块分别是东北（黑龙江、吉林和辽宁）、华北（内蒙古、北京、河北、天津和山西）、华东（上海、浙江、江苏、安徽、福建、江西和山东）、华中（河南、湖北和湖南）、华南（广东、海南和广西）、西南（重庆、四川、云南和贵州）和西北（陕西、宁夏、青海、甘肃和新疆）由于西藏自治区统计数据缺失严重，本研究未能探讨该区域的营商环境。

续表

	变量名称	测量方法
	控制变量	
1	公司年龄$_t$	外资企业子公司成立以来的年数
2	总资产$_t$	子公司的总资产对数
3	员工数$_t$	外资企业子公司员工数
4	进入模式	0代表国内企业和外国企业根据合同协议组建的外资企业子公司，1代表国内企业和外国企业组建的合资子公司，2代表独资子公司
5	子公司类型$_t$	拥有出口量=1；没有=0
6	国有股份$_t$	国有股权相对于外资企业子公司总股权的比例
7	选址$_t$	位于沿海地区的子公司代码为1，否则为0
8	大城市	外资企业子公司在北京和上海编码为1，其他城市为0
9	外资直接投入$_{t-1}$	外国直接投资存量与当地区域生产总值比值
10	行业集中度$_{t-1}$	行业销售额最大的八家公司占行业总销售额的比例（赫芬达尔指数）
11	外资企业来源地	将中国港澳台注册资本占比较大的外资企业子公司编码为0，其他编码为1

三、统计分析

为了解决数据集中可能存在的自相关和异方差问题，本章采用了一阶自回归相关模型的广义估计方程（GEE）。GEE方法可以通过考虑观测样本之间的相关性来估计参数，并提供更准确的标准误差估计。为排除异方差问题，采用Huber-White三明治估计器评估标准误差项。这种估计器对异方差进行了校正，使得参数估计更有效和准确。本研究提供了 Wald 卡方值，用于评估模型的拟合优度和参数的显著性。Wald 卡方检验可以帮助确定模型中的变量是否对绩效产生显著影响。

四、假设检验结果

图 6-2 是中国区域外资企业子公司绩效水平（ROS）和外资企业子公司绩效差异（Risk）的散点图。横坐标代表样本中外资企业子公司绩效水平，即 ROS。纵坐标代表样本中外资企业子公司绩效差异，即 Risk。ROS 的平均值为 0.01，Risk 的平均值为 0.09。浙江、山东和江苏等中国沿海地区大多处于"高回报-低风险"象限，即外资企业子公司绩效水平高于总体平均水平，而绩效差异低于总体平均水平。其他区域，如贵州、内蒙古和海南，则属于"高风险-低回报"象限，即外资企业子公司的绩效水平低于总体平均水平，而绩效差异则高于总体平均水平。该图还显示，大多数外资企业子公司选择"高回报-低风险"的区域作为注册地，以便在中国以较小的风险获得较好的经济回报。

<<< 第六章 区域制度发展水平与外资企业子公司绩效

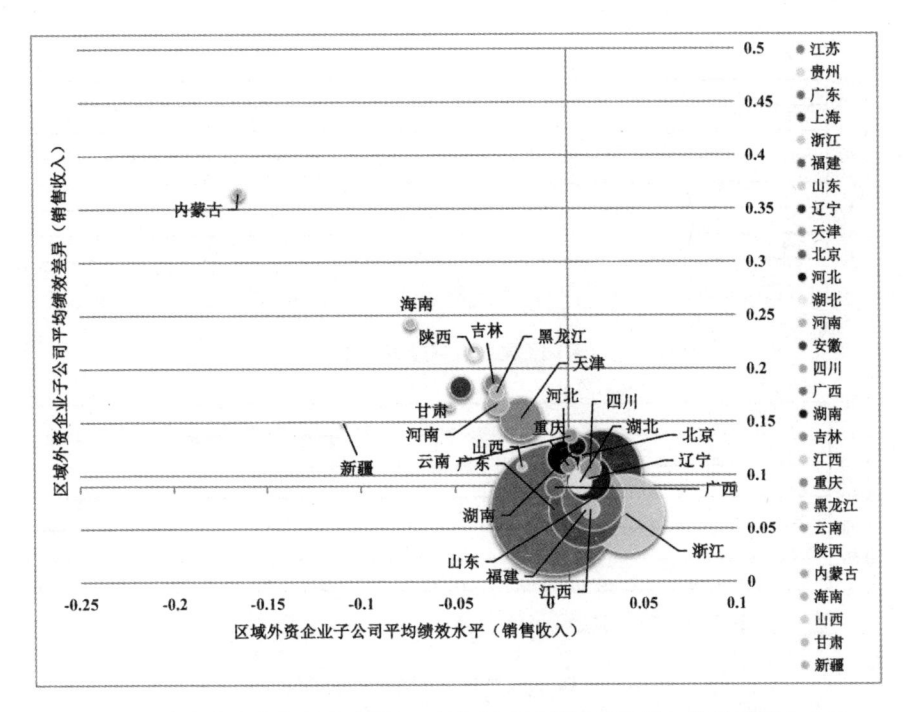

图 6-2 外资企业子公司在中国 28 个省级区域的绩效水平与绩效差异分布图

注：各省气泡面积代表样本中在该区域经营的外资企业子公司数量

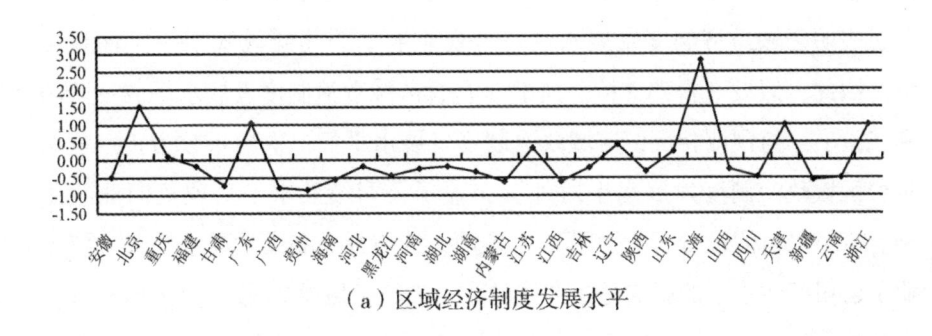

图 6-3（a）、（b）、（c）显示了中国 28 个省级行政区域的经济、政治和社会制度发展水平。

（a）区域经济制度发展水平

127

营商环境与外企经营关系研究 >>>

(b) 区域政治制度发展水平

(c) 区域社会制度发展水平

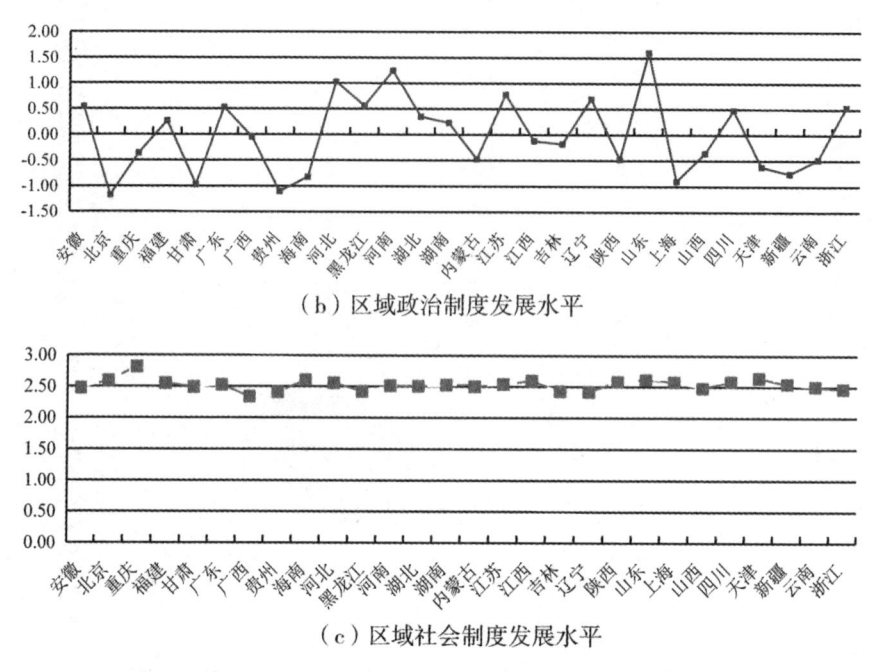

图6-3 中国28个省级行政区域经济、政治和社会制度发展水平

表6-3提供了变量的描述性统计和相关系数。表6-4列出了区域经济、政治和社会制度发展水平对外资企业子公司绩效水平的影响。在表6-4中，模型1包括所有控制变量。模型2中加入了区域经济制度发展水平的一阶项和二阶项。结果显示，区域经济制度发展水平的二次项系数为负，表明区域经济制度发展水平对外资企业子公司绩效水平呈正曲线影响。因此，假设5得到支持。模型3包含区域政治制度发展水平的一阶项和二阶项。与预测相反，区域政治制度发展水平的二次项系数为正。这意味着区域政治制度发展水平对外资企业子公司绩效水平呈现负向曲线影响。该结果与假设6不符。模型4表明，区域社会制度发展水平对外资企业子公司绩效水平的影响是正曲线的，这支持了假设7。模型5将所有分析变量放入模型中，用于综合考虑各个因素对外资企业子公司绩效的影响。

表6-3 描述性统计和相关系数表

	平均值	S.D.	1	2	3	4	5	6	7	8	9	10	11	12	13	14	15	16	17	18
1. ROS	0.01	0.37																		
2. RISK	0.09	0.36	−0.68***																	
3. 区域经济制度发展水平$_{t-1}$	0.90	1.00	0.02***	−0.01																
4. 区域经济制度发展水平$_{t-1}^2$	1.81	3.05	0.01**	0.007**	0.90***															
5. 区域政治制度发展水平$_{t-1}$	0.37	0.70	0.007***	−0.04***	−0.42***	−0.50***														
6. 区域政治制度发展水平$_{t-1}^2$	0.62	0.76	0.007***	0.005*	−0.01	−0.04***	0.24***													
7. 区域社会制度发展水平$_{t-1}$	2.54	0.05	0.001	0.01***	0.16***	0.20***	−0.20***	0.38***												
8. 区域社会制度发展水平$_{t-1}^2$	6.44	0.28	0.001	0.01***	0.15***	0.20***	−0.20***	0.39***	0.10***											
9. 选址	0.90	0.30	0.02***	−0.05***	0.26***	0.11***	0.25***	−0.03***	−0.04***	−0.04***										
10. 进入模式	1.38	0.63	−0.001	−0.004†	−0.01***	−0.02***	0.07***	−0.04***	0.04***	0.04***	0.09***									
11. 总资产(ln)$_t$	10.29	1.37	0.01***	0.06***	0.05***	0.05***	−0.05***	−0.007***	0.02***	0.02***	−0.06***	−0.02***								

续表

	平均值	S.D.	1	2	3	4	5	6	7	8	9	10	11	12	13	14	15	16	17	18
12. 员工(ln)$_t$	5.11	1.12	0.02***	−0.03***	−0.05***	−0.07***	0.10***	−0.02***	−0.03***	−0.03***	0.04***	0.05***	0.54***							
13. 公司年龄$_t$	6.83	4.55	0.001	−0.007**	0.04***	0.04***	−0.01***	−0.03***	0.02***	0.02***	0.000	−0.14***	0.14***	0.14***						
14. 外资直接投入$_{t-1}$	4.99	2.21	−0.000	−0.02***	0.28***	0.20***	−0.21***	−0.15***	0.14***	0.14***	0.48***	0.03***	−0.02***	−0.005*	0.00†					
15. 外资来源地	0.47	0.50	0.01**	0.03***	0.05***	0.09***	−0.04***	0.17***	0.09***	0.10***	−0.07***	−0.01***	0.10***	−0.03***	−0.09***	−0.09***				
16. 大城市	0.13	0.34	0.02***	−0.01***	0.14***	0.00	−0.09***	−0.03***	−0.31***	−0.31***	−0.13***	−0.08***	−0.03***	−0.06***	−0.06***	−0.21***	0.05***			
17. 行业集中度$_{t-1}$	0.001	0.00	−0.00	0.01***	−0.06***	−0.04***	−0.02***	0.01***	−0.01***	−0.00†	−0.04***	−0.05***	0.07***	−0.01***	−0.00†	0.02***	0.00	−0.02***		
18. 子公司类型	0.63	0.48	0.02***	−0.05***	0.08***	0.01†	0.10***	−0.03***	−0.05***	−0.05***	0.21***	0.14***	−0.00	0.25***	0.05***	0.11***	0.02***	0.02***	−0.07***	
19. 国有股份$_t$	0.22	0.33	−0.01***	0.01***	0.03***	0.03***	0.01***	0.00	0.02***	0.02***	−0.05***	−0.06***	0.01***	−0.02***	0.03***	−0.09***	0.13***	−0.00	−0.05***	−0.06***

注:
1. N = 186,107
2. ***P<0.001; **P<0.01; *P<0.05; †P<0.10

第六章 区域制度发展水平与外资企业子公司绩效

表6-4 外资企业子公司绩效水平的回归结果[a]

	分析层面[b]	模型1	模型2	模型3	模型4	模型5
控制变量						
公司年龄$_{t-1}$	A	0.00	0.00	0.00	0.00	0.00
		(0.00)	(0.00)	(0.00)	(0.00)	(0.00)
总资产（ln）$_{t-1}$	A	-0.00	-0.00	-0.00	-0.00	-0.00
		(0.00)	(0.00)	(0.00)	(0.00)	(0.00)
员工（ln）$_{t-1}$	A	0.01***	0.01***	0.01***	0.01***	0.01***
		(0.00)	(0.00)	(0.00)	(0.00)	(0.00)
进入模式	A	-0.01***	-0.01***	-0.01***	-0.01***	-0.01***
		(0.00)	(0.00)	(0.00)	(0.00)	(0.00)
子公司类型$_t$	A	0.01***	0.01***	0.01***	0.01***	0.01***
		(0.00)	(0.00)	(0.00)	(0.00)	(0.00)
国有股份$_{t-1}$	A	-0.04***	-0.04***	-0.04***	-0.04***	-0.04***
		(0.01)	(0.01)	(0.01)	(0.01)	(0.01)
选址$_t$	R	0.03**	0.02*	0.03*	0.03*	0.03*
		(0.01)	(0.01)	(0.01)	(0.01)	(0.01)
大城市	R	0.02***	0.01***	0.03***	0.04***	0.03***
		(0.00)	(0.00)	(0.00)	(0.01)	(0.01)
外资直接投入$_{t-1}$	R	0.00	-0.00	0.00	-0.00	-0.00
		(0.00)	(0.00)	(0.00)	(0.00)	(0.00)
外资企业来源地	C	0.01**	0.01**	0.01**	0.01**	0.01**
		(0.00)	(0.00)	(0.00)	(0.00)	(0.00)
行业集中度$_{t-1}$	I	-0.26	-0.26	-0.27	-0.26	-0.26
		(0.23)	(0.23)	(0.23)	(0.23)	(0.23)
行业虚拟变量		包括	包括	包括	包括	包括
区域虚拟变量		包括	包括	包括	包括	包括
年份虚拟变量		包括	包括	包括	包括	包括

131

续表

	分析层面[b]	模型1	模型2	模型3	模型4	模型5
自变量						
区域经济制度发展水平$_{t-1}$	R		0.16***			0.01
			(0.00)			(0.01)
区域经济制度发展水平$_{t-1}^2$	R		-0.00***			-0.00*
			(0.00)			(0.00)
区域政治制度发展水平$_{t-1}$	R			-0.00		-0.00
				(0.00)		(0.00)
区域政治制度发展水平$_{t-1}^2$	R			0.00**		-0.00
				(0.00)		(0.00)
区域社会制度发展水平$_{t-1}$	R				2.59**	2.24*
					(1.00)	(1.08)
区域社会制度发展水平$_{t-1}^2$	R				-0.47*	-0.41*
					(0.19)	(0.21)
常数项		0.04	0.04	0.04	-3.50**	-3.03*
		(0.04)	(0.04)	(0.04)	(1.31)	(1.43)
Wald-Chi^2		961.33	978.05	965.14	963.81	1005.93
ΔWald-Chi^2（与模型1相比的变化）			16.72	3.81	2.48	44.60

注：
1. N=186，107
2. ***$P<0.001$；**$P<0.01$；*$P<0.05$；†$P<0.10$
3. 括号内为稳健标准误差项
4. A：子公司层面；R：区域层面；C：外资企业来源地层面；I：行业层面

表6-5显示了区域经济、政治和社会制度发展水平与外资企业子公司绩效差异之间的关系。模型2和模型4表明，区域经济和社会制度发展水平对外资企业子公司绩效差异具有负向曲线影响。这意味着非常欠发达或高度发达的区域经济和社会制度都可能引起外资企业子公司较大的绩效差

异。因此,假设8和假设10得到了验证。然而,模型3显示区域政治制度发展水平的一阶项系数显著为负,而二阶项(平方项)系数不显著。这意味着区域政治制度发展水平与外资企业子公司绩效差异呈负相关关系,而非负曲线关系。这一结果与假设9不一致。模型5是区域经济、政治、社会制度发展水平对外资企业子公司绩效差异影响的全模型。结果显示,区域政治制度发展水平的二次项系数显著为正。该结果依然未能支持假设9。

表6-5 外资企业子公司绩效差异回归结果

	级别	模型1	模型2	模型3	模型4	模型5
控制变量						
公司年龄$_{t-1}$	A	-0.00	-0.00	-0.00	-0.00	-0.00
		(0.00)	(0.00)	(0.00)	(0.00)	(0.00)
总资产(ln)$_{t-1}$	A	0.02***	0.02***	0.02***	0.02***	0.02***
		(0.00)	(0.00)	(0.00)	(0.00)	(0.00)
员工(ln)$_{t-1}$	A	-0.02***	-0.02***	-0.02***	-0.02***	-0.02***
		(0.00)	(0.00)	(0.00)	(0.00)	(0.00)
进入模式	A	0.01**	0.01**	0.01**	0.01**	0.01**
		(0.00)	(0.00)	(0.00)	(0.00)	(0.00)
子公司类型$_t$	A	-0.02***	-0.02***	-0.02***	-0.02***	-0.02***
		(0.00)	(0.00)	(0.00)	(0.00)	(0.00)
国有股份$_{t-1}$	A	0.03***	0.03***	0.03***	0.03***	0.03***
		(0.01)	(0.01)	(0.01)	(0.01)	(0.01)
选址$_t$	R	-0.03***	-0.03**	-0.03**	-0.04***	-0.03*
		(0.01)	(0.01)	(0.01)	(0.01)	(0.01)
大城市	R	-0.03***	-0.01***	-0.03***	-0.04***	-0.03***
		(0.00)	(0.00)	(0.00)	(0.01)	(0.01)
外资直接投入$_{t-1}$	R	-0.001*	-0.001†	-0.003***	-0.000	-0.001
		(0.00)	(0.00)	(0.00)	(0.00)	(0.00)

续表

	级别	模型1	模型2	模型3	模型4	模型5
外资企业来源地	C	0.01***	0.01***	0.01***	0.01***	0.01***
		(0.00)	(0.00)	(0.00)	(0.00)	(0.00)
行业集中度$_{t-1}$	I	0.02	0.02	0.04	0.01	0.02
		(0.22)	(0.22)	(0.22)	(0.22)	(0.22)
行业虚拟变量		包括	包括	包括	包括	包括
区域虚拟变量		包括	包括	包括	包括	包括
年份虚拟变量		包括	包括	包括	包括	包括
自变量						
区域经济制度发展水平$_{t-1}$	R		−0.02***			−0.01*
			(0.00)			(0.01)
区域经济制度发展水平$_{t-1}^2$	R		0.01***			0.00***
			(0.00)			(0.001)
区域政治制度发展水平$_{t-1}$	R			−0.01***		−0.01*
				(0.00)		(0.00)
区域政治制度发展水平$_{t-1}^2$	R			−0.00		0.00*
				(0.00)		(0.00)
区域社会制度发展水平$_{t-1}$	R				−3.40***	−2.68**
					(0.90)	(1.00)
区域社会制度发展水平$_{t-1}^2$	R				0.63***	0.48*
					(0.17)	(0.19)
常数项		0.03	0.03	0.04	4.62***	3.70**
		(0.03)	(0.03)	(0.03)	(1.19)	(1.32)
Wald−Chi^2		2011.95	2165.16	2117.72	2066.93	2211.99
ΔWald−Chi^2（从模型1改为）			153.21	105.77	54.98	200.04

注：
1. N=186,107

2. ***P<0.001;**P<0.01;*P<0.05;†P<0.10
3. 括号内为稳健标准误差项
4. A：子公司层面；R：区域层面；C：外资企业来源地层面；I：行业层面

最后，本章进行了 Wald 检验，以比较区域经济、政治和社会制度发展水平对外资企业子公司绩效的相对影响。结果显示，区域社会制度发展水平的系数绝对值要大于区域经济和政治制度发展水平的系数绝对值。对于外资企业子公司的绩效水平，区域社会制度发展水平的系数与区域经济和政治制度发展水平的系数之间存在显著差异（p < 0.05）。这意味着区域社会制度发展水平对外资企业子公司绩效的影响更为显著。对于外资企业子公司绩效差异，区域社会制度发展水平的系数与区域经济和政治制度发展水平的系数之间存在显著差异（p<0.01）。而区域经济制度发展与区域政治制度发展的系数之间并不存在显著差异（p>0.10）。该结果表明区域经济和政治制度发展水平对外资企业绩效水平和绩效差异的影响同等重要。

此外，一些控制变量对外资企业子公司的绩效有显著的影响。当外资企业子公司位于中国沿海地区和大城市、由外资企业和本土企业根据合同组建、员工规模大、以出口为导向、国有股比例低以及外资注册资本来自国外而非中国港澳台地区时，它们可能获得较高的绩效水平。然而，当外资企业子公司位于内陆地区和非京沪地区、外资独资模式进入、员工人数少但资产总额大、非出口导向、国有股比例高以及外资注册资本来自外国时，它们的绩效表现可能会有较大差异。

第三节 结论与讨论

本章旨在探讨区域制度发展水平对外资企业子公司绩效的影响。为了检验假设，本章继续沿用区域制度发展水平的三维测量方法，证明区域经济、政治和社会制度发展水平对外资企业子公司绩效的影响各不相同。具体而言，随着区域经济和社会制度发展水平的提高，外资企业子公司绩效水平将逐渐提高，但在区域经济和社会制度发展到较高水平后下降。同时，外资企业子公司绩效差异将逐渐下降，但在区域经济和社会制度发展到较高水平后上升。这一发现证明，区域经济和社会制度环境对外资企业子公司成立后经营绩效的正面和负面影响都是有限的。而区域政治制度发展水平对外资企业子公司绩效的影响与假设相左。这一发现表明，区域政治制度存在其特殊性，即在区域政治制度较发达的地区，外资企业子公司的平均绩效水平并不高，但在这些地区的外资子公司可以获得不同水平的绩效，从而导致该区域外资企业子公司的绩效水平较为分散。该结论与中国内地市场政府-市场关系的特殊性息息相关。政府在推动中国改革开放和市场经济建设中发挥着重要作用，尤其在政治制度较为发达的区域，政府的治理水平和法律法规的透明度和规范性往往较高，有利于社会主义市场经济的确立，带动市场的多样化发展。这类区域市场往往充满了更多的机遇，同时也吸引了来自不同国家、拥有不同能力的外资企业在当地开展多种多样的商事活动。因此，在这类区域市场经营的外资企业子公司可能针对不同目标客户群，提供不同附加值的产品，从而带来较低的平均绩效水平和较为分散的绩效分布。而相反的，在政治制度欠发达的区域，政府干预当地市场机制的行为较多，外资企业子公司可能参与到当地具有垄断性质的行业与项目中，出现较高水平的平均绩效。然而，由于当地市场和需求结构较为单一，导致外资企业子公司的绩效差异较小。

本研究结论为今后的研究提供了重要的理论启示。首先，未来研究可对比外资企业所处的不同层面制度环境对其子公司绩效的影响差异。以往基于制度理论视角的国际商务管理研究强调东道国制度对外资企业子公司绩效的影响（Christmann 等 1999）。本章的研究结果表明，东道国区域层面制度环境是影响外资企业子公司绩效的中观层面因素，且对子公司绩效水平和绩效差异产生显著的非线性影响。学者们可以进一步考察区域层面制度发展水平与外资企业内部制度压力、产业层面制度规则和东道国层面制度发展水平对外资企业子公司绩效水平的相对影响程度。这些对比有利于外资企业决策者处理复杂的制度环境，鼓励他们采取适当的战略措施应对外资企业受影响最大的制度层面。

其次，未来研究可以进一步探讨在不同区域制度发展水平下，外资企业溢出效应对国内企业能力发展的影响。过去的研究已经讨论了中国制度情境下外商直接投资对本土企业生产率和存活率的提高有怎样的影响（Chang，Xu 2008），但很少考虑国内制度差异对这种关系的影响。随着国内制度安排的变化，未来的研究可以考虑不同区域制度发展水平下，国内企业从外商投资企业获取技术和经验的速度是否存在差异。例如，可以探讨在区域制度发展水平较高的地区，本土企业是否更有可能从外商投资企业获取技术诀窍并提升竞争地位。这类研究有助于管理者和理论研究者更好地理解区域制度发展水平与国内企业能力发展的关系，以及内外资企业竞争地位动态演变的路径。

第三，考虑到中国内地区域政府与市场之间关系的特殊性，未来研究可以探讨各地政府对外资企业子公司日常经营的影响机制。这将有助于更全面地理解区域制度发展、政府角色和外资企业子公司绩效之间的关系，并为政策制定者和企业决策者提供有针对性的建议，以促进外资企业的可持续发展。

第七章

区域制度发展、绩效反馈与外资企业子公司后续投资调整

本章将研究外资企业在不同地区设立子公司后的后续生产投资战略调整决策。核心论点是外资企业子公司在决定后续生产投资战略调整时，会针对所在地区的制度发展水平和获得的绩效反馈做出战略响应。传统观点认为外资企业增加资本投入代表东道国经营环境得到了改善或子公司在东道国取得了良好绩效。然而，本章认为，外资企业子公司对生产活动投入的调整可以反映其积极应对绩效亏损的态度。此外，区域经济、政治和社会制度发展水平对企业的上述积极响应存在显著的影响。最后，本章讨论了研究结果对未来研究的影响。

外资企业子公司的后续投资决策调整一直是国际管理研究领域的一个关键问题，因为外资企业子公司的发展有助于增强外资企业整体的实力（Andersson 等 2002；Birkinshaw, Hood 1997；1998）。增加后续投资可能是下列因素的直接结果：外资企业子公司在东道国实现了有效经营（Reuer, Tong 2005）、外资企业拥有更强的独特竞争力（Andersson 等 2002；Tan 2003；Uhlenbruck 2004）、东道国市场需求的增长（Fisch 2008）、东道国产业结构的升级（Blonigen, Tomlin 2001；Caves 1974）、或外资企业在东道国的供应链得到延伸（姚晋兰 2018）。此外，以往的研究还认为，扩张是外资企业和子公司对东道国制度环境的积极战略反应（Belderbos, Zou 2007；2009；Feinberg, Gupta 2009）。这些研究表明，外国企业在东道国

<<< 第七章 区域制度发展、绩效反馈与外资企业子公司后续投资调整

扩张业务是为了减少宏观环境恶化带来的不确定性。例如，陈初昇，燕晓娟，衣长军和郭敏敏（2020）认为，母国与东道国的营商环境差异会增加海外子公司的经营成本，企业的国际化速度越快，其海外子公司在东道国越难生存。这方面的研究在很大程度上忽视了外资企业子公司的绩效反馈对其后续投资调整的影响。以往关于绩效反馈的研究将企业的绩效反馈与组织战略变革联系起来（Cyert，March 1963；Staw，Sandelands，Dutton 1981）。根据企业行为理论，低于组织期望水平的绩效会促使组织改变先前的常规运营并承担更多的风险（Bromiley，1991；Lant，Milliken 和 Batra，1992）。尽管外资企业子公司嵌套在全球价值网络中，这些网络为子公司的股东和利益相关者提供了多样化的期望绩效参考点，但现有的研究很少考虑到在外资企业子公司持续存在的情况下，其获得的绩效反馈对后续生产投资战略决策有怎样的影响。Chung 等（2010）以亚洲金融危机为背景，探讨了在外资企业网络结构下其子公司调整企业规模的战略决策，将外资企业全部子公司的平均绩效定义为各子公司的绩效期望水平，发现出口率高、相对绩效差的子公司可能扩大在东道国的销售和员工规模。尽管这些研究已经涵盖了东道国层面的宏观环境变迁对外资企业子公司后续投资调整的影响，但就区域层面的制度发展水平对外资企业子公司后续生产投资调整的影响仍然缺乏讨论。为了填补这一研究空白，本书在本章使用了 2000 年至 2005 年期间在中国 39 个行业（2 位数 SIC）和 28 个地区投资的 150, 542 个外资子公司观测值作为实证样本。

第一节 假设提出

一、区域制度发展水平对外资企业子公司后续生产投资调整的影响

区域制度发展水平的差异给外资企业子公司在各地开展业务带来了不

同的机遇和挑战,进而影响外资企业子公司的后续生产投入。具体而言,欠发达的区域经济制度无法为外资企业子公司提供充足的信息和资源支持。中介机构在与丰富的企业客户打交道的过程中积累了丰富的当地市场经营经验,具备降低信息不对称问题的必要知识,是市场信息主要的收集者和传播制度(McEvily, Zaheer 1999)。如果一个地区的中介机构数量较少,外资企业子公司就无法获得最新市场信息,市场交易的机会便随之减少。处于这类区域市场的外资企业子公司需通过增加内部投资,构建能够替代中介机构功能的制度,从而降低信息搜寻的成本和经营的不确定性。Khanna和Palepu(1999)提出了类似的论点,认为在新兴经济体经营的外资企业将中介机构功能内化,对于帮助企业减少经营的不确定性至关重要。而相反的,经济制度较发达的区域拥有大量的中介机构,这使得外资企业子公司能够轻松获得最新的市场信息,并且享有更多的市场交易机会。外资企业子公司不需要过多地增加内部投资替代中介机构的功能,因为它们可以依赖稳定可靠的市场中介机构来满足信息和经营需求。

在经济制度欠发达的区域,外资企业子公司面临着另一个挑战,即本地支持的不足。这些地区的银行系统私营银行占比较少,导致当地市场资本资源配置效率低下。在这种情况下,资本的分配更多依靠企业与政府之间的关系,而非效率优先的原则。这些市场很难及时满足外资企业对资本的临时需求。因此,外资企业子公司必须储备更大规模的生产资料,以防在需要资金支持时,过度依赖当地市场的资本系统。相反,发达的区域经济制度通常鼓励企业以公平竞争和效率优先原则获得各类资源。这些区域股份制银行占比较高,能够提供丰富的融资渠道和灵活的金融工具,使得外资企业子公司可以更灵活地获取资金支持。外资企业子公司可以依赖当地的金融体系来满足资本需求,而无需储备过大规模的生产投资,预防外部资金供给的不确定性。

当地技术的落后也阻碍了外资企业子公司提高效率。适应当地消费者的偏好对东道国市场的外资企业子公司至关重要。因此,子公司需要当地

<<< 第七章　区域制度发展、绩效反馈与外资企业子公司后续投资调整

市场的技术支持。区域制度环境对外部技术获取模式的影响普遍具有滞后性，且随着市场的变化而变化（刘永松，王婉楠，全涵煦 2021），因此，技术欠发达的区域迫使外资企业子公司努力开发技术。在这些地区市场的外资企业子公司可能会扩大对内投资，进行创新活动。然而，在技术基础较好的区域，外资企业子公司能够更好地提高技术开发的效率，依靠当地市场的技术支持满足消费者需求（Almeida, 1996）。这意味着外资企业子公司可以借鉴和应用当地成熟的技术，提高产品与服务的质量和产出效率。尽管获得外部技术支持，并将这些技术转化为企业的知识需要转化时间，但在本地技术较为发达的地区，这种滞后时间将被缩短（刘永松，王婉楠等，2021）。外资企业子公司通过从区域市场引进和应用本土技术来提高效率和本地竞争力，而减少过多的内部投资，避免开展风险较高的本土化自主研发。

与在经济制度欠发达的区域不同，在政治制度欠发达的区域，外资企业子公司很难寻找到充足的经营支持，也面临着所有权产权无法得到有效保护的风险。具体而言，政治制度欠发达的区域投资政策对外资企业也较为不利，将外资企业子公司排除在本地商业网络之外。各地方政府通过财政政策影响地方经济活动（Zhang, Zou 1998）。由于地方政府的财政收入主要依赖税收，当区域经济盈余中财政收入的比重较大时，这意味着当地企业需要承担较重的税收负担。沉重的税负可能对外资企业子公司的盈利能力产生负面影响（Du 等 2008）。因此，外资企业子公司将控制在当地的生产投入规模，降低被征收高税负的风险。而由于地方保护主义的存在，外资企业子公司的经营受到区域空间的阻隔，很难在供应链与合作机制上突破区域限制（He 等 2008）。外资企业子公司很难投入更大规模的生产，防止在当地市场无法获得配套的供应和市场。

此外，不透明的地方政府行政和低效的第三方执法增加了外资企业子公司在东道国市场的交易成本和不确定性（Habib, Zurawicki 2002）。在这样的区域，市场机制无法为各类竞争者提供有效的资源分配。较高的政治

141

不透明导致外资企业子公司经营受限。而外资企业在这样的市场经营规模越大，受到当地政府和其他利益相关者的关注越多，经营越可能受到干预，也可能存在资产被征用的风险。企业不得不耗费大量的时间与当地政府谈判和协商沟通，抑制了生产经营的顺利开展（Kaufmann and Wei 1999）。此外，低效的第三方执行制度也会导致交易各方从事机会主义行为（Klein 1980）。当地竞争企业或交易对手可能出现违约或私下侵占外资企业子公司核心知识产权和资产的情况。在私人侵占风险较高的区域，外国子公司很可能减少后续投资，避免将公司特有的优势暴露给当地竞争者（Delios, Henisz 2000）。当合同执行不力时，外国企业子公司将整合压缩规模，从而减少不确定性。

相反，在政治制度发达的区域内，外资企业子公司资产与所有权受到有效的产权保护，政府腐败程度较低，第三方执法制度效率较高。外资企业子公司承担的交易成本、不确定性以及资产被侵占的风险随之下降。同时，政治制度相对发达的区域通常强调采取积极的政策来吸引外资，并提供更好的投资保护和支持。例如，这些政府可能提供税收减免、补贴和其他激励措施，降低外资企业子公司的税收负担，帮助外资企业子公司保持较高的生产投入规模。而政府行政的高度透明和开放能够降低外资企业子公司跨区域寻求资源的成本，为外资企业子公司扩大生产规模和进一步整合市场提供更多机会。

与经济制度欠发达的区域相似，社会制度欠发达区域也不利于外资企业子公司基于市场交易获得经营效率。在这样的区域，社会实体之间缺乏互惠合作和互动，给在该区域开展业务的外资企业子公司带来了挑战。此外，社会实体之间的信任度非常低，这使得合同的订立和执行成本居高不下（Uzzi 1997）。合同缔约各方之间缺乏相互理解、互惠投资和信息共享，导致合同的执行缺乏基本的信任机制。由于这些制度风险的存在，外资企业子公司将避免外部交易带来的交易风险，从而避免在这些区域进行基于市场机制的业务活动。缺乏信任和合作的环境使得外部交易风险提高，增加了与当地企业之间合作和交流的困难。外资企业子公司更倾向于通过增加内部业务的规模来减少对外部交易的依赖。此外，社会制度欠发达的区域缺乏稳定性，使得外资企业子公司更倾向于通过内部化的方式来控制业务，减少外部环境的负面影响。

相反的，社会制度发达的区域有利于社会实体之间的互惠合作，社会实体之间的信任度较高，社会稳定，为在该区域开展业务的外资企业子公司提供了良好的环境。在这样的区域，订立和执行合同的成本与风险大幅降低。外资企业子公司更倾向于通过增加外部交易扩大业务，而无需投入大量的生产性资产。因此，本章提出以下假设：

假设11：随着区域经济制度发展水平的提高，外资企业子公司将降低其生产投资规模。

假设12：随着区域政治制度发展水平的提高，外资企业子公司将提高其生产投资规模。

假设13：随着区域社会制度发展水平的提高，外资企业子公司将降低其生产投资规模。

二、绩效反馈的调节效应

如前所述，欠发达区域的经济和社会制度会刺激外资企业子公司扩大生产规模，因为在这样的区域进行市场活动的交易和转化成本较高。随着区域经济和社会制度的发展，外资企业子公司在当地进行市场交易的成本会下降。因此，外资企业子公司可以通过更高比例的外部市场交易来满足经营需求，而不是扩大内部生产投入。然而，欠发达的区域政治制度不仅阻碍外资企业子公司寻求充足的市场机遇，还存在对私有资产保护不力和政府治理不透明的问题，这给外资企业子公司在当地市场以大规模经营带来巨大的挑战。在这种情况下，外资企业子公司可能面临着合同执行困难、知识产权保护不足以及政府干预等问题。随着区域政治制度的发展，当地市场对外资企业子公司的资产和所有权的保护将增强，这将促使外资企业子公司可以较大规模开展经营活动。政府可以采取措施改善私有财产保护的法律框架，加强执法力度，提高政府治理的透明度和效率，以吸引在本地经营的外资企业子公司增加投资。这将为外资企业子公司提供更好的投资环境，减少风险，并鼓励它们在当地市场扩大生产规模。

外资企业子公司扩大业务的程度还取决于其绩效反馈的情况。由于企业的国际扩张需要内外部支持（Guler，Guillén 2010；Luo 2002；Martin，Anand，Mitchell 1998），外资企业子公司通过对比实际绩效与由股东和利益相关者设定的期望水平之间的差异，判断自身经营的成败，进而明确子公司存在多大的动力或资源开展战略变革。企业行为理论研究强调了绩效反馈对企业战略变革的重要影响（Cyert，March 1963；Greve 1998；Ocasio 1995）。企业的期望水平是其股东和利益相关者用于评价和区分企业经营成功与失败的参考目标（Baum，Dahlin 2007；Greve 1998）。股东与利益相关者通常将企业以往的历史绩效水平及与具有可比性的其他同行企业的平均绩效作为期望水平（Bromiley，1991；Herriott，Levinthal 和 March，1985）。当企业实际绩效低于期望水平时，企业获得负向绩效反馈，而在实际绩效高于期望水平时，企业获得正向绩效反馈。

关于企业绩效反馈与企业战略响应变革关系的研究，学者们一直存在争议。部分学者认为负向绩效反馈下企业开展的问题性搜索活动具有高风险属性。企业决策者认为负向绩效反馈需要采取必要措施弥补差距（Audia，Greve 2006）。寻求高风险属性的替代战略能够扭转目前企业的经营困境，为企业获得超额利润，追赶并超越期望水平。而另有学者认为，负向绩效反馈与组织的寻求高风险属性的战略变革之间存在负向关系（Staw 等 1981）。当企业绩效低于其期望水平时，实施高风险属性战略变革的企业甚至可能失去已经取得的成就（Ocasio 1995；Singh 1986），给企业带来更大的绩效困境。（Wiseman，Bromiley 1996）。尽管这些研究没有得出一致的结论，但它们揭示了那些绩效低于期望水平的企业特点：这些企业有着很大的动力改变当前的状况，但却没有足够的内部支持进行变革。在这种

第七章 区域制度发展、绩效反馈与外资企业子公司后续投资调整

情况下,企业采取高风险的战略变革程度受到外部环境支持和绩效反馈的交互影响。就正向绩效反馈与企业战略响应决策的关系而言,学者们认为在企业获得正向绩效反馈时,决策者将面临股东和利益相关者更高绩效期望的压力。企业的发展通常受到路径依赖的限制,即企业决策者根据企业自身的竞争力情况重复已经取得成功的战略措施。然而,在管理实践中,股东和利益相关者在企业实现较低的期望水平后会提出更高的期望水平要求。在这种情况下,决策者是否采取高风险属性的战略变革则需考虑外部制度环境的状况。

在经济与社会制度欠发达的区域,拥有正向绩效反馈的外资企业子公司比得到负向绩效反馈的外资企业子公司增加更多的内部生产投资。由于这些区域无法为外资企业子公司提供必要的本地支持,同时,区域环境不稳定性较高,参与到当地经济活动中的个体和组织很难形成高度的信任,也很难产生互惠性交换。已经实现期望水平的外资企业子公司比未能实现绩效水平的外资企业子公司拥有更多的冗余资源开展问题性搜索。这些相对成功的子公司有能力进一步将诸多价值链活动内化,增加生产规模,实现效率提升。而未能实现期望水平的外资企业子公司受实力制约,在经济和社会制度欠发达区域通过较小规模的内化投资缩小绩效差距。

随着区域经济和社会制度的发展,实现期望水平的外资企业子公司因更具竞争优势,比未能实现期望水平的外资企业子公司更容易通过公平竞争获得市场机遇。而相比之下,获得负向绩效反馈的外资企业子公司在这类区域市场处于劣势地位,很难通过公平交易抓住当地市场机遇。在这类基于市场机制进行资源配置的区域,获得正向绩效反馈的外资企业子公司可以比得到负向绩效反馈的外资企业子公司削减更多的后续生产投资,从而依靠区域市场获得突破自身发展路径的新机会。

而随着区域政治制度的发展和绩效反馈的不断增加,外资企业子公司提高生产资产投入的程度将不断降低。在政治制度欠发达的区域,绩效反馈越好的外资企业子公司越可能成为当地政府和企业关注的对象。这些外

资企业子公司可运用充足的资源降低欠发达的区域政治制度所带来的资产被侵占风险，通过增加生产投资提高转化效率。相比之下，得到负向绩效反馈的外资企业子公司很难得到当地政府的支持。同时，随着绩效反馈的降低，外资企业子公司也更容易遭到权益损失。外资企业子公司将更大规模地减少后续生产投资。这一论点与以往研究结论相似。Miller 和 Friesen（1983）发现，绩效欠佳的加拿大公司很少在风险较高的环境中开展高风险的创新活动。因此，两位学者提出绩效反馈相对较差的子公司在面临严重经济危机时不会在东道国扩大资源承诺。

相反的，随着区域政治制度的发展，市场机制能够得到法律、政策以及有效监管的保障，绩效反馈越好的外资企业子公司在这样的区域市场越具有竞争优势，能够获得更多的市场机遇。随着绩效反馈的提高，外资企业子公司决策者可以通过市场交易而非内化扩大生产投资规模突破增长瓶颈。而对于得到负向绩效反馈的外资企业子公司，政治制度发达的区域市场不会对其资产和权益造成侵害。由于这些外资企业子公司相对缺乏市场竞争力，需通过增加内部投资规模提高效率，减少绩效差距。因此，本书提出以下假设：

假设 14：区域经济制度发展水平与外资企业子公司后续生产投资规模的负向关系将被子公司的绩效反馈加强。

假设 15：区域政治制度发展水平与外资企业子公司后续生产投资规模的正向关系将被子公司的绩效反馈削弱。

假设 16：区域社会制度发展水平与外资企业子公司后续生产投资规模的负向关系将被子公司的绩效反馈加强。

<<< 第七章 区域制度发展、绩效反馈与外资企业子公司后续投资调整

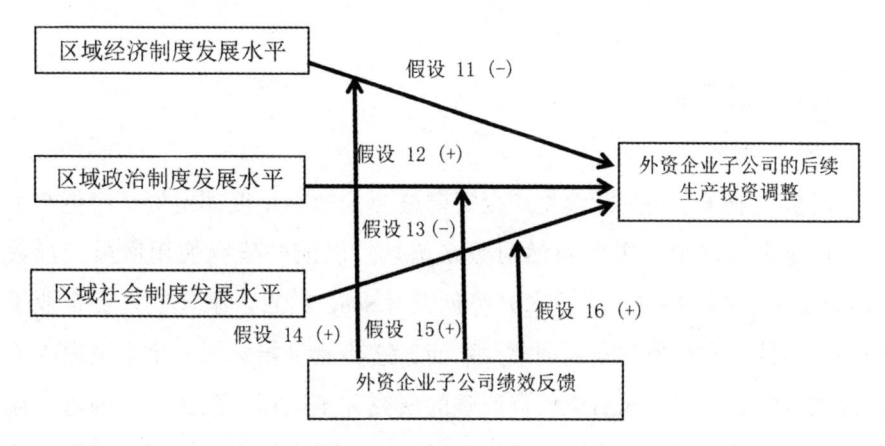

图 7-1 区域制度发展水平与外资企业子公司的后续生产投资调整决策
（负向绩效反馈=1）

第二节 研究方法

一、数据和样本构建

为了构建分析样本，本章剔除了原始样本中的一些存在指标缺失的观测样本。首先，本章剔除了只拥有 2000 年之前和 2005 年之后固定资产记录的外资企业子公司。其次，剔除缺少连续两年数据的外资企业子公司。此外，本章还删除了缺少地区数据的外资企业子公司。最后，删除缺少相关的财务项目的外资企业子公司。分析样本包含中国 28 个地区 39 个行业（2 位数 SIC）的 150,542 个外资企业子公司-财务年份观测值。在样本中，54.29%的境外子公司由港澳台企业设立。

二、变量测量

(一) 因变量

外资企业子公司的后续生产投资调整为1加本年度固定资产净值与上一年固定资产净值之差的自然对数来衡量。以前的研究使用雇员增加数（Belderbos, Zou 2007）或技术升级创新（Song 2002）来代表外资企业子公司的后续生产投资规模的调整。然而，这些测量指标对一个东道国内不同区域外资企业子公司后续投资调整的研究并不适用，因为员工的跨国流动性相对较低。而在一个东道国的不同区域之间，外资企业子公司可以跨区域招聘员工。劳动力在一国内的高流动性可能无法敏锐地体现特定区域经济、政治、社会制度发展水平对在当地开展经营活动的外资企业子公司生产投资规模调整的影响。

而外资企业子公司固定资产的变化很难出现跨地区的变动。实际上，当外资企业子公司通过在其他区域设立新工厂增加固定资产投入时，新注册的工厂需要新的注册代码。因此，利用固定资产的变化作为因变量进行分析更具合理性。此外，因为在东道国市场增加固定资产会提高外资企业的经营风险（Hill 等 1990；Rivoli, Salorio 1996），延长了组织对外部环境变化做出迅速反应的时间（Audia, Greve 2006）。因此，这种测量方法也体现了企业是否采取高风险属性的战略变革。

(二) 自变量

本章使用第6章中提出的区域制度发展水平的三维度框架来测量区域经济、政治和社会制度发展水平。

使用外资企业子公司的销售回报率来衡量绩效，这与以往关于外资企业子公司绩效反馈的研究相一致。本章沿用了Bromiley（1991）对期望水平的测量方法。具体而言，当子公司实际绩效低于同行业平均绩效水平的外资企业子公司时，外资企业子公司会将同行业外资企业子公司的平均绩效作为参照群体，从而将行业平均绩效水平设定为期望水平，而当实际绩效高于同行业平均绩效水平时,外资企业子公司将其历史绩效乘以 1.05 作为期望水平。鉴于企业的战略响应将滞后于其得到的绩效反馈,本章在数据分析中使用了绩效反馈滞后一年的数据。期望水平方程表示如下:

期望水平 = R_{ikt1}(ROS_{ikt}<行业平均 ROS_{kt})×行业平均 ROS + R_{kt2}(ROS_{ikt}>=行业平均 ROS_{kt})×1.05×ROS_{ikt-1} (7-1)

其中,行业平均 $ROS_{kt} = \dfrac{\sum_{j \neq i, j \notin D} ROS_{jkt}}{N}$ (7-2)

i 代表外资企业子公司,j 代表区域,k 代表行业,t 代表财务年度,N 代表 k 行业外资企业子公司的数量。R_{ikt1}和 R_{kt2}是指数函数,如果括号中的判别函数成立,则 R_{ikt1}或 R_{kt2}等于 1,否则为 0。基于该期望水平的估值,本章用外资企业子公司在财务年度取得的实际财务绩效水平 ROS 与期望水平之差代表绩效反馈。当绩效反馈为负时,编码为 1,而当绩效反馈为正时,编码为 0。

(三)控制变量

本章在分析中考虑了年度、外资企业子公司、地区、行业和母国变量的影响。年度虚拟变量用来控制一年内发生的事件。在考虑外资企业子公司特征的影响时,本章考虑了四个因素。(1)员工数。首先,通过使用外资企业子公司雇员的自然对数来控制公司规模效应。(2)子公司年龄。使用外资企业子公司成立以来的年数。该指标反映了外资企业子公司在当地的经验,该因素被认为是国际扩张的一个重要因素(Delios, Beamish 2001; Guillén 2003; Johanson, Vahlne 1977)。(3)进入模式。外资企业子公司进入区域市场时注册的所有权结构。其中,0 代表国内企业和外国企业根据合同协议组建的外资企业子公司,1 代表国内企业和外国企业组建的合资企业,2 代表外资独资子公司。最后,本研究还控制了(4)国有股权份额在总股权中的比例。Luo(1997)认为,外国企业与国内国有企业合资成立的外资企业子公司可以克服东道国市场的制度劣势,例如,强烈的政府干预和薄弱的市场结构。

对于区域层面特征的效应，本章首先控制了（5）选址。反映了外资企业子公司的地理位置。位于沿海地区的子公司编码为 1，否则为 0。（6）外资直接投入是另一个可能影响外资企业子公司后续投资调整的重要指标。由于外资企业子公司可能为降低运营成本而聚集在一起，与外国直接投资流入量较少的区域相比，外国直接投资净流入量较多的区域可能为外资企业子公司提供更有利的环境。此外，本章还通过控制第 6 章中指出的六个地理区域虚拟变量来控制其他未观察到的区域层面固定效应。

对于东道国产业效应，本研究控制了（7）行业集中度。使用东道国产业销售额中前八家公司的集中度来表示。以往的研究强调东道国的行业竞争是预测外国企业国际扩张的一个重要因素（Blonigen，Tomlin 2001；Caves 1971）。此外，外资企业子公司很可能会模仿行业内其他外资企业子公司采用的战略决策。学者们发现，外资企业很可能会模仿同一东道国或行业竞争对手的进入模式（Lu 2002；Xia 等 2008）。因此，在分析中考虑了在某一（8）行业扩大投资的外资企业子公司数量。此外，加入行业虚拟变量用于控制未观察到的行业固定效应。

最后，分析还排除了外资企业（9）来源地的影响，控制来自不同海外区域的外资企业的风险偏好（Kogut，Singh 1988；Tihanyi 等 2005），并排除制度距离对外资企业战略决策的影响（Gaur 等 2007；Xu，Shenkar 2002）。

表 7-1 本章研究所有变量名称及测量描述

变量名称	测量方法
因变量	
外资企业子公司后续投资调整$_t$	1+ln（本年度固定资产净值-上一年固定资产净值）；
自变量	

续表

	变量名称	测量方法
1	区域经济制度发展水平$_{t-1}$	运用主成分法进行探索性因子分析后，将各因子负荷的平均值作为测量区域经济、政治和社会制度发展水平的指标；
2	区域政治制度发展水平$_{t-1}$	
3	区域社会制度发展水平$_{t-1}$	
4	绩效反馈$_{t-1}$	用外资企业子公司在财务年度取得的实际财务绩效水平ROS与期望水平之差代表绩效反馈；
	控制变量	
1	员工数$_t$	外资企业子公司员工数；
2	公司年龄$_t$	外资企业子公司成立以来的年数；
3	进入模式	0代表国内企业和外国企业根据合同协议组建的外资企业子公司，1代表国内企业和外国企业组建的合资企业，2代表外资独资子公司；
4	国有股份$_t$	国有股权相对于外资企业子公司总股权的比例；
5	选址$_t$	位于沿海地区的子公司编码为1，否则为0；
6	外资直接投入$_{t-1}$	外国直接投资存量与当地区域生产总值比值
7	行业集中度$_{t-1}$	行业销售额最大的八家公司占行业总销售额的比例（赫芬达尔指数）
8	行业增加固定资产的外资子公司数量$_{t-1}$	外资企业子公司所在行业中增加固定资产的其他外资子公司个数
9	外资企业来源地	将中国港澳台注册资本占比较大的外资企业子公司编码为0，其他编码为1；

三、统计分析

本章对外资企业子公司进行了多年的重复观察，属于非对称面板数据。传统的最小二乘法采用随机效应或固定效应模型均无法很好地解决自相关和异方差的统计问题。因此，本研究采用了一阶自回归模型和胡贝尔-怀特三明治估计方法下的广义估计方程（GEE）回归模型来检验假设。

四、假设检验结果

表7-2显示了变量的描述性统计和相关系数。表7-3报告了分析结果。结果表明，在分析中加入区域制度变量和交互项可以显著提高模型的解释力。Wald-chi^{2}的值从无效模型的3229.01增加到全模型的3684.27。

<<< 第七章 区域制度发展、绩效反馈与外资企业子公司后续投资调整

表7-2 描述性统计和相关系数表

	平均值	S.D.	1	2	3	4	5	6	7	8	9	10	11	12	13	14	15	16
1. 外资子公司后续投资调整$_t$	0.76	0.37																
2. 区域经济制度发展水平$_{t-1}$	−0.01	1.01	−0.01*															
3. 区域政治制度发展水平$_{t-1}$	−0.05	0.71	0.02***	−0.45***														
4. 区域社会制度发展水平$_{t-1}$	0.00	0.06	−0.01**	0.18***	−0.22***													
5. 绩效反馈$_{t-1}$	0.24	0.50	−0.06***	0.06***	0.002	0.02***												
6. 绩效反馈$_{t-1}$×区域经济制度发展水平$_{t-1}$	0.03	0.58	−0.00	0.48***	−0.20***	0.09***	0.02***											

153

续表

	平均值	S.D.	1	2	3	4	5	6	7	8	9	10	11	12	13	14	15	16
7. 绩效反馈$_{t-1}$ × 区域政治制度发展水平$_{t-1}$	-0.01	0.39	0.01***	-0.21***	0.44***	-0.10***	-0.06***	-0.45***										
8. 绩效反馈$_{t-1}$ × 区域社会制度发展水平$_{t-1}$	0.00	0.03	-0.00	0.09***	-0.10***	0.44***	0.02***	0.18***	-0.22***									
9. 公司年龄$_t$	-0.05	4.16	-0.09***	0.07***	0.03***	0.007***	0.14***	0.03***	0.01***	0.01†								
10. 外资企业来源地	-0.00	0.50	0.02***	0.06***	-0.05***	0.08***	-0.00	0.03***	-0.03***	0.04***	-0.09***							
11. 行业集中度$_{t-1}$	0.00	0.00	-0.02***	-0.06***	-0.02***	-0.01***	-0.01***	-0.03***	-0.01***	-0.000	-0.02***	0.00						
12. 员工(ln)$_t$	0.16	1.11	0.04***	-0.02***	0.10***	-0.02***	0.01***	-0.01***	0.04***	-0.01†	0.12***	-0.01***	-0.01***					
13. 选址$_t$	0.01	0.30	0.00	0.26***	0.22***	-0.02***	-0.00†	0.12***	0.10***	-0.01***	0.02***	-0.05***	-0.04***	0.04***				
14. 进入模式$_t$	-0.06	0.95	0.03***	0.06***	0.04***	0.05***	-0.02***	0.02***	0.03***	0.01***	-0.09***	-0.04***	-0.04***	0.09***	0.16***			
15. 外资直接投入$_{t-1}$	0.14	2.29	-0.02***	-0.29***	-0.21***	-0.14***	-0.03***	0.14***	-0.10***	0.05***	-0.02***	-0.06***	-0.02***	0.00	0.49***	0.13***		

续表

	平均值	S.D.	1	2	3	4	5	6	7	8	9	10	11	12	13	14	15	16
16. 国有股权$_t$	0.01	0.14	-0.03***	-0.11***	-0.04***	0.01**	0.03***	-0.06***	-0.02***	0.01**	0.10***	0.01**	0.06***	-0.02***	-0.16***	-0.24***	-0.11***	
17. 行业增加固定资产的外资子公司数量$_{t-1}$	0.10	0.24	0.01***	0.10***	0.03***	0.01***	0.01***	0.05***	0.01***	0.002	0.01***	0.01*	-0.22***	0.06***	0.07***	0.06***	-0.00	-0.08***

注：
1. N=150,542
2. ***P<0.001；**P<0.01；*P<0.05；†P<0.10

表 7-3 外资企业子公司后续投资调整的回归结果

控制变量	层面 c	模型 1	模型 2	模型 3	模型 4	模型 5	模型 6	模型 7	模型 8	模型 9	模型 10	模型 11	模型 12	模型 13
员工(ln)$_t$	A	0.02***	0.02***	0.02***	0.02***	0.02***	0.02***	0.02***	0.02***	0.02***	0.02***	0.02***	0.02***	0.02***
		(0.00)	(0.00)	(0.00)	(0.00)	(0.00)	(0.00)	(0.00)	(0.00)	(0.00)	(0.00)	(0.00)	(0.00)	(0.00)
公司年龄$_t$	A	-0.01***	-0.01***	-0.01***	-0.01***	-0.01***	-0.01***	-0.01***	-0.01***	-0.01***	-0.01***	-0.01***	-0.01***	-0.01***
		(0.00)	(0.00)	(0.00)	(0.00)	(0.00)	(0.00)	(0.00)	(0.00)	(0.00)	(0.00)	(0.00)	(0.00)	(0.00)
进入模式	A	0.00***	0.00***	0.00***	0.00***	0.00***	0.00***	0.00***	0.00***	0.00***	0.00***	0.00***	0.00***	0.00***
		(0.00)	(0.00)	(0.00)	(0.00)	(0.00)	(0.00)	(0.00)	(0.00)	(0.00)	(0.00)	(0.00)	(0.00)	(0.00)
国有股权$_t$	A	-0.04***	-0.04***	-0.04***	-0.04***	-0.04***	-0.04***	-0.04***	-0.04***	-0.04***	-0.04***	-0.04***	-0.04***	-0.04***
		(0.01)	(0.01)	(0.01)	(0.01)	(0.01)	(0.01)	(0.01)	(0.01)	(0.01)	(0.01)	(0.01)	(0.01)	(0.01)
选址$_t$	R	0.00	-0.00	-0.00	0.00	-0.00	0.00	0.00	-0.00	0.00	-0.00	-0.00	-0.00	-0.00
		(0.00)	(0.01)	(0.01)	(0.01)	(0.01)	(0.01)	(0.01)	(0.01)	(0.01)	(0.01)	(0.01)	(0.01)	(0.01)
外资直接投入$_t$	R	-0.00***	-0.00	-0.00	-0.00†	0.00	-0.00***	-0.00	-0.00	-0.00†	0.00	0.00	-0.00	0.00
		(0.00)	(0.00)	(0.00)	(0.00)	(0.00)	(0.00)	(0.00)	(0.00)	(0.00)	(0.00)	(0.00)	(0.00)	(0.00)
行业集中度$_t$	I	-0.78†	-0.78†	-0.80†	-0.78†	-0.80†	-0.78†	-0.79†	-0.80†	-0.79†	-0.80†	-0.80†	-0.80†	-0.80†
		(0.46)	(0.46)	(0.46)	(0.46)	(0.46)	(0.46)	(0.46)	(0.46)	(0.46)	(0.46)	(0.46)	(0.46)	(0.46)
行业增加固定资产的外资企业子公司数量$_{t-1}$	I	-0.00	-0.00	-0.00	-0.00	-0.00	-0.00	-0.00	-0.00	-0.00	-0.00	-0.00	-0.00	-0.00
		(0.01)	(0.01)	(0.01)	(0.01)	(0.01)	(0.01)	(0.01)	(0.01)	(0.01)	(0.01)	(0.01)	(0.01)	(0.01)
外资企业来源地$_t$	C	-0.00	0.00	0.00	0.00	0.00	0.00	0.00	0.00	0.00	0.00	0.00	0.00	0.00
		(0.00)	(0.00)	(0.00)	(0.00)	(0.00)	(0.00)	(0.00)	(0.00)	(0.00)	(0.00)	(0.00)	(0.00)	(0.00)

续表

自变量	层面 c	模型 1	模型 2	模型 3	模型 4	模型 5	模型 6	模型 7	模型 8	模型 9	模型 10	模型 11	模型 12	模型 13
行业虚拟变量		包括	包括	包括	包括	包括	包括	包括	包括	包括	包括	包括	包括	包括
区域虚拟变量		包括	包括	包括	包括	包括	包括	包括	包括	包括	包括	包括	包括	包括
年份虚拟变量		包括	包括	包括	包括	包括	包括	包括	包括	包括	包括	包括	包括	包括
区域经济制度发展水平$_{t-1}$	R		-0.01*** (0.00)			-0.01*** (0.00)		-0.01*** (0.00)			-0.00** (0.00)	-0.00** (0.00)	-0.00*** (0.00)	-0.01** (0.00)
区域政治制度发展水平$_{t-1}$	R			0.01*** (0.00)		0.00* (0.00)			0.01*** (0.00)		0.00* (0.00)	0.00 (0.00)	0.00* (0.00)	0.00 (0.00)
区域社会制度发展水平$_{t-1}$	R				-0.08*** (0.02)	-0.07*** (0.02)				-0.09*** (0.02)	-0.07*** (0.02)	-0.07** (0.02)	-0.08*** (0.02)	-0.09*** (0.03)
绩效反馈$_{t-1}$	A						-0.04*** (0.00)	-0.04*** (0.00)	-0.04*** (0.00)	-0.04*** (0.00)	-0.04*** (0.00)	-0.04*** (0.00)	-0.04*** (0.00)	-0.04*** (0.00)
绩效反馈$_{t-1}$ × 区域经济制度发展水平$_{t-1}$								0.00 (0.00)			0.00 (0.00)			0.00 (0.00)
绩效反馈$_{t-1}$ × 区域政治制度发展水平$_{t-1}$									0.004† (0.00)			0.00† (0.00)		0.01* (0.00)
绩效反馈$_{t-1}$ × 区域社会制度发展水平$_{t-1}$										0.05† (0.03)			0.06† (0.03)	0.07* (0.03)

续表

层面 c	模型 1	模型 2	模型 3	模型 4	模型 5	模型 6	模型 7	模型 8	模型 9	模型 10	模型 11	模型 12	模型 13
常数项	0.84***	0.84***	0.84***	0.84***	0.85***	0.85***	0.85***	0.86***	0.85***	0.86***	0.86***	0.86***	0.86***
	(0.08)	(0.08)	(0.08)	(0.08)	(0.08)	(0.08)	(0.08)	(0.08)	(0.08)	(0.08)	(0.08)	(0.08)	(0.08)
Wald-Chi²	3229.01	3260.95	3253.06	3260.77	3298.89	3607.10	3635.20	3635.95	3639.46	3667.31	3672.13	3670.36	3684.27
Wald-Chi²的变化(与模型1相比的变化)		31.94**	24.05**	31.76**	209.64**	378.09**	1218.57**	1220.83**	1231.34**	2030.94***	2215.61***	2206.74***	3186.81***

注：
1. N=150,542。
2. ***P<0.001；**P<0.01；*P<0.05；†P<0.10
3. 除行业、年份和部门虚拟变量外，所有自变量均以其平均值为中心。
4. 括号内为稳健标准误差项。
5. A:子公司层面；R:区域层面；C:外资企业来源地层面；I:行业层面

158

表 7-3 中，模型 2 和模型 4 表明，区域经济和社会制度发展水平对外资企业子公司后续投资调整呈负向影响，与假设一致。说明随着区域经济和社会制度发展水平的提高，外资企业子公司将降低固定投入。因此，假设 11 和假设 13 得到支持。模型 3 表明，区域政治制度发展的系数显著为正。这一结果与假设 12 描述一致，即区域政治制度的发展会促进外资企业子公司后续增加固定资产投入。

为了进一步检验区域制度发展水平和外资企业子公司绩效反馈对外资企业子公司后续投资调整的交互效应，本研究加入了区域经济、政治和社会制度发展水平与外资企业子公司绩效反馈的乘积项。模型 7 和模型 9 表明，区域经济和社会制度发展水平与外资企业子公司绩效反馈的交互项对子公司后续生产投资调整的影响系数为正。由于本研究对绩效反馈进行了反向编码，该结果表明随着区域经济和社会制度发展，取得正向绩效反馈的子公司比得到负向绩效反馈的子公司减少更多的固定资产投入。然而，区域经济制度发展水平与绩效反馈的交互项回归系数并不显著。因此，假设 14 没有得到支持，但假设 16 得到支持。模型 8 表明区域政治制度发展与绩效反馈的交互项回归系数显著为正。该结果表明外资企业子公司的绩效反馈削弱了区域政治制度发展水平对外资企业子公司后续投资调整的正向影响。因此，假设 15 得到了支持。图 7-2 和图 7-3 显示，区域的政治和社会制度发展水平对外资企业子公司后续投资调整的影响受到绩效反馈的调节。

研究结果还显示，控制变量对外资企业子公司的后续生产投资调整有重要影响。外资企业子公司在初建时期、较大规模、由外资企业独资控股时，后续固定资产投入的增加幅度比较高。同时，国有股权较多的外资企业子公司会大幅减少固定资产。在产业集中度较高的行业中，外资企业子公司的固定资产减少幅度较大。

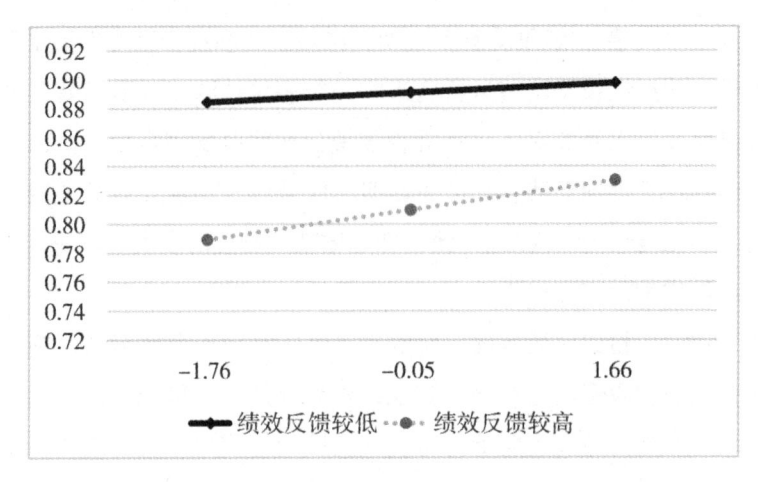

图 7-2 区域政治制度发展水平与绩效反馈交互效应示意图

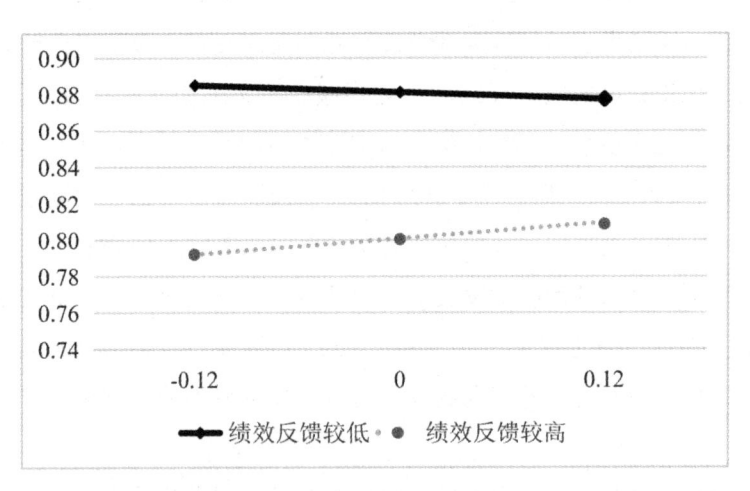

图 7-3 区域社会制度发展水平与绩效反馈交互效应示意图

第三节 结论与讨论

本章研究结果的一个重要启示是外资企业子公司在各区域的固定资产投资具有高风险属性。当区域政治制度欠发达时，子公司对固定资产的追

<<< 第七章 区域制度发展、绩效反馈与外资企业子公司后续投资调整

加投入需更加谨慎。其原因在于经营权和产权可能无法受到有效保护。随着区域政治制度的发展，增加固定资产规模的风险随之降低。而由于这类资产的高风险属性，外资企业子公司在区域市场经济和社会制度发展水平较高时，倾向于以"轻资产"的方式参与到当地的市场交易活动中。而外资企业子公司还根据得到的绩效反馈，结合所在区域政治和社会制度发展水平调整后续的固定投资。

此外，这些发现为基于制度理论视角探讨外资企业后续投资战略的研究提供了四点启示。第一，研究人员可以确定区域制度发展水平的三个维度对外资企业子公司在不同行业的后续投资调整的相对影响。具体而言，区域经济、政治和社会制度在决定外资企业子公司后续投资调整方面发挥着重要作用。原因在于不同区域的业务开展涉及到不同的成本和风险。外资企业子公司会根据区域经济、政治和社会制度的发展水平决定是否内化本地业务。然而，对于不同行业的企业而言，区域经济、政治和社会制度的相对重要性可能存在差异。例如，地方政府在塑造区域市场结构过程中具有至关重要的作用（Bai 等 2004；Nee 1992）。与其他方面相比，区域政治制度对处于能源类行业的外资企业子公司后续投资调整存在更大的影响。这是因为能源类行业的外资企业在东道国的战略活动与国家能源安全密切相关，因此更容易受到当地政府的监管和干预。区域政治制度的发展水平将直接影响当地政府对能源行业的管控力度和政策支持程度。在这种情况下，外资企业子公司可能需要根据区域政治制度的要求进行相应的后续投资调整，以遵守当地政府的规定和要求。未来的研究可以考察区域经济、政治和社会制度发展水平决定外资企业子公司扩大内化程度的相对重要性。

第二，研究人员可以结合外资企业的内部制度环境，研究其对外资企业子公司进入区域市场后投资调整的影响。目前，基于制度理论视角的研究主要关注外资企业内部合法性同构压力对其在东道国市场连续进入模式决策的影响，但关于外资企业内部合法性对子公司后续投资调整的影响尚

不明确。外资企业决策不仅受到外部制度环境的影响，还包括其跨国运营的规章制度、组织结构和管理机制等。这些内部制度环境可能会对外资企业子公司在进入区域市场后的投资决策产生重要影响。例如，某些外资企业可能会制定严格的投资评估和审批程序，以确保在新市场的投资具有良好的回报潜力和风险控制。而其他企业可能更加灵活，鼓励子公司在新市场进行创新和实验活动（Chan、Makino 2007；Davis 等 2000；Yiu，Makino 2002）。Puck、Holtbrügge 和 Mohr（2009）的研究表明，随着时间的推移，内部合法性压力将改变国际合资子公司所有权结构，成为外资独资子公司。然而，外资企业内部合法性对子公司后续生产运营投资调整的具体影响尚不清楚。未来的研究可以考虑外资企业其他子公司采用的后续投资调整对核心子公司后续投资调整战略的影响。通过比较不同子公司之间的投资调整策略，研究人员可以揭示外资企业内部合法性对子公司投资决策的影响机制。同时，通过考察外资企业对不同子公司的投资策略差异，深入探讨内部合法性压力对外资企业子公司后续投资调整的影响程度。

第三，未来的研究可以进一步确定外资企业子公司采取的其他形式的后续投资调整情况，例如，市场和产品扩张，并讨论东道国的区域制度发展对这些扩张战略的影响。本章主要关注外资企业子公司通过固定资产的变化来进行后续投资调整。然而，外资企业子公司从一个区域向另一个区域的市场扩张很可能受到目标区域消费者对产品的态度的影响（Cui，Liu 2000）。此外，产品多元化战略的有效性还取决于东道国的制度条件。未来的研究可以重点关注外资企业子公司在东道国进行跨区域市场投资调整和产品多元化的战略决策，并研究目标区域市场的区域制度发展水平对这些后续战略的影响。

第四，研究人员可以考虑在东道国企业与外资企业都表现出不良绩效时，区域制度发展水平对于东道国企业扩张的影响是否与外商投资企业存在差异。本章主要关注区域制度发展对外资企业子公司后续投资调整的影响，并探讨其与子公司绩效反馈之间的相互作用。虽然外资企业子公司可

<<< 第七章 区域制度发展、绩效反馈与外资企业子公司后续投资调整

能会受到外来劣势和网络劣势的制约[1]，区域制度发展水平对国内企业在本土扩张的影响是否与外资企业子公司进入当地市场的后续投资调整相同，也将是一个具有理论与实践意义的话题。将外资企业子公司的后续投资调整与国内企业进行比较，可以更好地理解制度因素对投资决策的影响。这种比较可以确认外资企业子公司在制度环境中是否表现出不同的投资行为，并揭示东道国区域制度对于内外资企业战略决策的影响机制。

---

[1] Johanson J., Vahlne J. E. The Uppsala internationalization process model revisited: From liability of foreignness to liability of outsidership [J]. Journal of International Business Studies, 2009, 40 (9): 1411-1431.

第八章

结论与启示

本书的目的在于解释中国内地市场区域营商环境对外资企业经营决策和经营效果的影响,旨在测量普遍影响区域个体和组织行为决策的制度发展水平,并探索针对外资企业特有的合法性评价者的认知两个区域营商环境层面的影响。在未发生重大外生冲击时,区域制度发展水平对外资企业决策与经营绩效的影响具有持续性和相对稳定性,而合法性评价者对外资企业的认知较为隐蔽,外资企业在首次进入区域市场时因信息不对称等问题,对这类营商环境缺乏具象化的了解。因此,探讨合法性评价者对外资企业持有的认知的影响,应关注外资企业进入阶段的战略决策,而区域制度发展水平的影响机制将贯彻外资企业进入本区域市场的各阶段。

本书运用三项研究回答核心研究问题。第一项研究关注区域营商环境的两个层面对外资企业进入模式选择的绝对和相对影响。该研究强调外资企业在东道国区域开展业务时根据区域营商环境的不同情况选择不同进入模式,从而实现经济或社会目标。实证结果表明,区域经济和社会制度发展水平对外资企业选择独资模式进入市场具有正向影响,因为发展较好的区域经济和社会制度会减少外资企业在当地开展商事活动的外部不确定性。此外,合法性评价者对外资企业的认知也对其进入模式选择起着重要作用。合法性评价者由可能影响外资企业在当地经营的本地利益相关者构成,他们对外资企业的合法性进行评估。区域内大多数其他外资企业所采用的进入模式能够体现合法性评价者这种带有隐蔽性的认知制度。尽管外资企业模访区域内大多数其他外资企业采用的进入模式可能并不符合其经济目标,但这种做法更有可能让外资企业获得参与当地商业活动所需的合法性。经对比区域营商环境的两个层面影响效果后,研究结果显示,相较于区域经济和政治制度发展水平,区域社会制度和合法性评价者的认知对外资企业进入模式选择的影响更加显著。这一结论的原因在于转型经济体中,正式制度仍需通过非正式制度来弥补其发展的不足(Hoskisson 等 2000;Peng 等 2005)。非正式制度,如文化、价值观、人际信任以及对特定群体的认知等,对规范在该区域开展商业活动的企业和个人的战略活动起到重要的补充作用。尽管中国内地市场在 1979 年全面开启了改革开放,但区域营商环境仍在不断优化和改善的过程中。基础设施和各类支持性机构,如资本系统、基础科学技术、立法、执法效率和政府治理水平等方面仍有待完善。因此,非正式制度成为影响外资企业进入模式选择更为重要的营商环境变量。

第二项研究探讨了区域制度对外资企业子公司绩效水平以及绩效差异的影响。结果表明区域经济和社会制度发展水平对外资企业子公司绩效水平具有正向曲线影响。一方面经济和社会制度较发达的区域能够降低外资企业子公司的交易成本和转化成本,另一方面,当区域经济和社会制度发展到一定高度时,这种正向关系就会趋于平缓。在经济和社会制度高度发达的区域,市场交易的高度竞争提高了企业的成本,削弱了制度优势所带来的福利,给外资企业子公司绩效带来负面影响。研究结果还表明,区域经济和社会制度发展水平对外资企业子公司绩效差异呈负向曲线影响。随着区域经济和社会制度发展水平的提高,企业采取战略的直接结果将更加明确,外资企业子公司采用区域制度允许的战略,从而获得与区域内其他子公司相似的绩效。此外,在这些区域,企业不再需要依赖自身制度管理能力来弥补制度环境的不足。在经济和社会制度高度发达的区域,外资企业子公司的绩效差异会增大。因为在这类区域企业之间激烈的竞争导致制度优势不再明显,而外资企业子公司自身独特的企业竞争优势显得更为重要(Hoskisson 等 2000;Peng 2003)。区域社会制度在解释外资企业子公司的绩效方面发挥着更重要的作用。这一结果表明了社会制度在中国商业活动中的重要性(Peng, Luo 2000)。在正式制度仍不断优化的过程中,区域社会制度可以弥补区域市场机制的缺陷,并对外资企业子公司的绩效产生更强的影响。

第三项研究讨论了外资企业子公司根据当地的经济、政治、社会制度发展水平和得到的绩效反馈对后续生产投资进行不同程度的调整。研究结果表明,由于区域经济、政治和社会制度发展水平的差异,外资企业子公司的后续投资调整在不同区域存在显著差异。在经济和社会制度欠发达的区域,外资企业子公司面临较高的市场交易成本,不得不将其市场交易活动内化。相反,经济和社会制度发展较好的区域为外资企业子公司提供所需的支持和稳定环境,从而降低了它们的运营成本。在这些地区,市场机制效率较高,外资企业子公司更倾向于依赖市场交易而不是内化运营。因此,在经济和社会制度较发达的区域,外资企业子公司会选择收缩固定资产规模。

此外,区域政治和社会制度发展水平对外资企业子公司业务扩张程度的影响在很大程度上受到绩效反馈的调节。负向绩效反馈导致外资企业子公司有很大的动力采取高风险属性的战略变革进行绩效修复,但这类企业通常缺乏竞争力。对于这些外资企业子公司而言,稳定的社会与政策、有效的法律保护、良好的互惠信用机制能够降低其后续增加生产性资产的风险。同时,因这些外资企业子公司在市场机制发挥作用的区域缺乏竞争力,通过内化替代市场交易能够保证其经营的稳定性。而相反的,取得正向绩效反馈的外资企业子公司在政治和社会制度欠发达区域更具能力与政府和社会实体建立良好的关系,并通过扩大内部投资降低因欠发达的区域政治和社会制度带来的风险。

三项研究的实证结果表明,区域经济和社会制度发展水平对外资企进入模式选择、子公司绩效、子公司后续生产投资调整决策具有一致的影响；而区域政治制度发展水平对外资企业上述战略决策和绩效结果的影响与区域经济-社会制度发展水平存在差异。该研究发现与中国整体的政治安排存在紧密联系。为了促进市场经济的发展，中央政府在政治结构上实施了一系列变革和配套的制度安排（Lin，Liu 2000；Montinola 等 1995），包括鼓励地方政府根据各区域的优势产业制定引资政策（Lin，Liu 2000；Zhang，Zou 1998）；在促进地方经济增长方面既发挥了私营部门企业家的作用也发挥了地方政府机构的作用；各区域之间建立了经济绩效竞争机制，将地方政府官员的政绩与地方经济的发展紧密结合，以刺激国民经济的整体增长。

这些措施带来的结果是区域经济、政治和社会的发展存在显著的不均衡（Fujita，Hu 2001；Lee 1998）。首先，各地区的经济增长竞赛可能引起地方政府采取政策争夺外商投资，部分政策引起地区之间的恶性竞争，偏离市场机制，从而导致地方政府倾向保护在其行政管辖内的外资企业免于来自其他区域企业的竞争（He 等 2008）。因此，外资企业很可能选择独资形式进入这样的区域，确保其在该区域市场的"超国民"待遇，获得高水平的绩效。此外，由于跨区域竞争的威胁很小，外资企业子公司缺乏动力通过增加固定资产投入将市场机制功能内化。

其次，随着地方政府得到更多的权力替代市场机制，地方政府决定了当地资源的分配方式。寻租问题也会随之产生。这类地方政府给私营部门的经营带来额外成本，并且无法有效保护私营部门的有形与无形资产。外资企业选择与本土企业合资的形式进入东道国市场可能导致核心知识产权的泄露，而本土企业的侵权行为可能无法得到有效约束。为了防止核心资产受本土企业的侵害，外资企业以独资形式进入区域市场以确保加强核心知识产权的管理和控制（Delios，Henisz 2000）。而当外资企业子公司成立后，这类区域市场隐藏着子公司核心资产被无偿征用的风险。因此，子公司会尽量降低在当地市场固定资产投入的规模。

第一节 研究结论的理论启示

区域营商环境在影响外资企业的进入模式选择、外资企业子公司的绩效以及子公司在后续投资调整方面发挥着重要作用。以往研究忽略了东道国国内区域制度差异对外国企业战略决策和绩效的影响。首先,本书明确提出了区域制度发展的多维度衡量标准,具体衡量了经济、政治和社会制度的不同发展状况。以往研究强调了区域层面的众多制度因素对外资企业区位选择(Ma, Delios 2007; Zhou 等 2002)、所有权决策(Chadee 等 2003)、伙伴选择(Shi 等 2012)、进入模式选择(Luo 2001; Meyer, Nguyen 2005)的影响。尽管这些制度因素在一定程度上体现了区域营商环境的差异,但仍缺少对区域经济、政治和社会制度发展水平的统一测量。由于区域层面的制度因素影响有别于其他层面的制度因素,本书提出的衡量方法能够更加系统地评估东道国区域制度发展的状况、演变、以及差异,从而便于理解区域营商环境对外资企业战略决策、外资企业子公司业绩以及外资企业子公司后续投资的影响。

其次,合法性评价者对外资企业的认知决定了外资企业的合法性,进而对其进入模式选择产生更大的影响。现有对东道国制度环境的研究表明,在一个东道国,当来自同一国家和区域的大多数同行企业采用某种所有权结构时,新进入该区域的外资企业采用该结构进入东道国的比例便将提高(Li 等 2007; Xia 等 2008)。然而,区域层面的合法性评价者对外资企业的认知能够综合且直观地体现外资企业在该区域市场经营将所面临的机遇和挑战。本书通过研究区域营商环境的两个层面——区域制度发展水平和合法性评价者对外资企业的认知,明确外资企业进入模式选择满足合法性目标的重要性,从而补充了该研究领域的理论启示。

第三,本书将区域制度发展水平对外资企业子公司绩效的影响进行了检验，丰富了基于制度理论的外资企业子公司绩效研究。研究结果补充了多维度制度发展水平对外资企业子公司绩效的发现。由于区域制度包括经济制度、政治制度和社会制度三个维度，讨论这三个维度制度发展水平对外资企业子公司绩效水平及绩效差异的绝对和相对影响，可以为探究外资企业子公司绩效的制度因素提供更多启示，丰富相关文献的研究内容。

最后，本书研究了东道国区域制度发展水平对外资企业子公司后续生产投资调整的影响，将研究重点从传统研究的仅关注外资企业层面转向关注外资企业子公司的决策行为。过去的研究已经表明，影响外资企业国际投资规模的因素包括东道国与母国之间的制度差异（Henisz, Delios 2002; Rodriguez 等 2005; Xu, Shenkar 2002)、东道国/母国的产业结构（Li 等 2007; Lu 2002）以及企业集团战略（Guillén 2002）等。另外，还有一些文献关注外资企业在某东道国连续多次进入模式选择的影响因素（Chang 1995; Delios, Henisz 2003b; Guillén 2002; Martin 等 1998）。鉴于海外子公司对外资企业全球生产能力的构建具有重要的贡献（Rugman, Verbeke 2001），子公司在东道国后续生产投资的调整值得学者们更多的关注。本书的研究结果表明，不同区域的制度发展水平会导致外资企业子公司在东道国的后续生产投资调整产生差异。外资企业子公司对于生产投资的扩大可能是对区域欠发达的经济和社会制度采取的一种积极响应。而外资企业子公司降低生产投入规模可能是在当地市场采取"轻资产化"的一种表现。这些结论与发现拓展了关于外资企业增加或减少投资的传统认知，将外资企业的市场行为视为对东道国区域制度环境风险的积极应对，和对东道国区域制度环境机遇的信任和依赖。本书引入了企业行为理论，并将外资企业子公司的绩效反馈作为关键变量纳入研究框架，阐述了负向绩效反馈赋予外资企业子公司管理者采取高风险属性增加投资的动机。同时，本书还为管理者提供了在增加投资时需要考虑的由区域经济、政治和社会制度带来的机遇和风险。

第二节 研究结论的实践启示

本研究为外资企业的决策者提供了四点实践启示。第一，在政治制度欠发达的地区，外资企业的决策者很可能采用独资进入模式，以便加强外资企业对子公司核心知识产权的保护与监管。而加强所有权的监管并不代表外资企业子公司能够扩大生产性资产投入的规模。而在这些区域经营的外资企业可能因当地政府过度保护在本地投资企业的利益，或采取高度排他性优惠政策，获得较高的绩效水平和较小的绩效差异。

第二，本书的实证研究结果揭示了中国区域复杂的营商环境，即区域经济、政治和社会制度发展水平对外资企业的决策影响存在差异。这要求外资企业决策者和外资企业子公司的管理者根据各自的战略需求进行决策。例如，尽管某些区域的政治制度相对欠发达，以追求资源为目的的外资企业可以进入那些拥有先进资源的区域。对于经济、政治和社会制度发展程度不一致的区域，外资企业决策者可以借鉴区域内其他外资企业的进入模式，降低决策复杂性，并提高外资企业的合法性。而这一决策选择可能出现在外资企业将要进入东道国区域市场的阶段。通过与其他外资企业进入模式保持一致，初次进入东道国的外资企业可以更好地适应区域市场的制度要求，从而降低运营风险。

第三，研究结果表明，在经济和社会制度欠发达的区域，单个外资企业子公司的绩效水平并非一定很差，而在经济和社会制度高度发达的区域，单个外资企业子公司的绩效水平也不一定很高。在前一种情况下，外资企业子公司培养克服制度空缺的能力尤为重要。为了避免这些区域制度空缺的负面影响，管理者可以与当地政府、本土企业和其他重要的组织机构建立联系。相反地，在后一种情况下，外资企业管理者可以提高企业自身的市场竞争力，因为这些区域的制度可以保证公平交易，从而降低企业缺少制度管理能力的不利影响。

第四，外资企业子公司的决策者面对欠发达的区域经济和社会制度可以通过增加内化投资来减少高不确定性和高成本带来的风险。通过主动增加生产性资产，外资企业子公司可增强对当地业务风险的控制。在进行这类内化决策时，外资企业子公司的决策者还需要考虑到子公司获得的绩效反馈，结合子公司采取内化决策的动力以及区域制度环境的情况进行决策。对于得到负向绩效反馈的外资企业子公司，尽管管理者有着弥补业绩不佳问题的动力，但实际上这些企业缺乏市场竞争力。在经济和社会制度更加发达的区域，这类外资企业子公司与同区域获得正向绩效反馈的外资企业子公司相比需要投入更多的生产性资产，以弥补自身竞争力的不足。对于政治制度欠发达的区域而言，地方政府在制定东道国市场商业活动的政策和法规方面拥有更强的讨价还价权力（Gomes-Casseres 1990；Lecraw 1984）。在这样的区域，外资企业子公司的管理者可以通过减少对当地市场的资产承诺，保护公司财产，特别是当外资企业子公司的业绩不佳时。

本书还为政策制定者提供了以下启示。第一，地方政府需要进一步完善市场经济体制，提高区域营商环境的透明度、稳定性和吸引力，促进中介机构、金融系统和科技基础设施等方面的完善，并确保建立健全的信用体系。这些措施能够吸引掌握具有竞争力的外资企业在该区域设立经营机构，开展商业活动。只有吸引并留住外资企业，才能推动本地市场主体的活力与多样性，促进本地的创新活动，从而推动本地的发展（Chang, Xu 2008；Cooke 等 1997）。第二，地方政府需要"有所为，有所不为"，坚持提高执法效率，维护私营部门的经营权益。高效的执法机制可以促使外资企业子公司增加对本地经营的投入和资产承诺。第三，地方政府需要降低对市场资源和要素的掌控权，认识到在区域市场经济中扮演的角色，减少对市场经济活动的过度干预。尽管政府在中国经济转型和改革开放过程中扮演着重要角色，但行政干预应让位于市场机制，加快健全法制建设，弥补制度缺陷和空白，才能有效改善地区营商环境。第四，地方政府应从激活当地经济的角度出发，减少短视的地方保护主义，与地理位置相近的周边区域政府合作，促进区域之间资源和资本的流动。绩效不佳的外资企业子公司可能需要其他区域的资源和技术支持来恢复竞争力。然而，较差的营商环境不利于吸引在其他区域经营的外资企业子公司，增加了子公司跨区经营的成本。当这些绩效不佳的外资企业子公司在本地区寻找新的市场机遇时，良好的地区营商环境可以留住外资企业在中国市场的经营。这将有利于降低外资企业因完全撤离中国市场而造成的高成本，也有利于各区域市场的协同发展。

  本研究的结论恰恰也从侧面证实了党中央提出的"更好实现效率与公平相兼顾、相促进、相统一"的精神。自改革开放以来，中国经济-社会均取得了快速发展，这在很大程度上归功于改革开放打破了平均主义的分配制度，强调"效率优先，兼顾公平"的原则，极大调动了个体、企业、地方政府积极性。然而，随着经济总量的提高，中国社会也面临着分配结构、效率与公平之间激励不相容的问题。例如，因地方政府的地区保护和行政垄断导致当地在位企业容易获得短期的超额利润，保证地方财政收入。而从长期来看，这种区域政治格局将导致中国内地资源要素市场的跨区域割裂，不利于产业集群的真正形成。外资企业进入这类区域的准入壁垒较高，风险较大。因此，地方政府的跨地域界限的合作，推动各类要素在不同利益格局下的市场机制配置，成为平衡区域市场经济效率与全国大市场各利益相关群体公平的重要措施。促进地方政府效率激励与公平激励相一致，是解决目前地区之间贫富差异的重要举措。

第三节　研究结论的局限与拓展

  本研究存在的局限性供今后研究进一步探讨。第一，本研究采用的《中国工业企业数据库》在2008年之后缺失了很多指标，导致本研究的观察期相对较短。在本研究观察期内,中国采取了渐进式的改革,推动完善多层面、多维度的营商环境,各项区域制度的发展演变和各地公众对外资企业的认知相对平稳。然而,近些年,随着全球经济政治格局的突变,中国各区域的营商环境也在发生巨大变化。因此,未来的研究可以延长观察窗口期,以追踪测量区域制度的动态演变过程。

第二,本研究使用的数据库未对来自中国港澳台以外的外资企业进行来源地的区分。不同国家和区域的外资企业在进入模式选择、投资风险偏好[1]、以及应对制度差异的能力上存在明显不均衡[2]。因此,未来的研究可以细分来自不同国家和区域(例如,发达国家与欠发达国家)的外资企业,研究它们在应对不同区域营商环境时的策略选择,进而确定其进入模式、面临的机遇和挑战,并对后续生产投资的规模做出调整。

第三,本研究无法观测外资企业的具体财务情况,导致无法排除外资企业层面相关因素的影响。例如,获得内部合法性对外资企业子公司至关重要,外资企业的内部合法性压力也会影响其进入新东道国市场的所有权结构选择(Chan, Makino 2007; Lu, Xu 2006)。当外资企业内部合法性压力与东道国市场的外部合法性压力相互冲突时,外资企业应如何选择新建子公司的所有权结构有待进一步探讨。此外,外资企业的全球战略、年龄、规模和海外经验会影响子公司的各项战略决策和经济绩效。当子公司经营不善或遇到东道国环境威胁时,外资企业母公司和其他海外子公司是否能够提供必要的支持也将决定子公司的绩效和后续投资决策。同时,在区域投资的外资企业子公司的战略决策和绩效也会受到外资企业其他子公司的影响。在其他市场成立的外资企业子公司能够为后成立的子公司带来成功经验,并树立良好的榜样。而当外资企业进行战略调整并在某个东道

---

[1] Kogut B., Singh H. The effect of national culture on the choice of entry mode [J]. Journal of International Business Studies, 1988, 19 (3): 411-432.

[2] Henisz W. J. The power of the Buckley and Casson thesis: The ability to manage institutional idiosyncrasies [J]. Journal of International Business Studies, 2003, 34 (2): 173-184.

国市场撤资时，这对于其他子公司的后续投资决策可能会产生影响。

第四，本研究所使用的方法是基于二手统计数据而非调研数据来测量外资企业子公司的绩效反馈。这种方法的限制在于无法控制子公司决策者的风险偏好以及他们如何选择绩效期望水平。企业绩效期望水平的选择对企业战略决策具有指导性作用（Fiegenbaum，Thomas 1995；March，Shapira 1987）。不同的参照组决定了企业不同的战略导向。例如，有些企业将目标确定为破产绩效，而其他企业则以行业头部企业平均绩效为目标。不同的期望水平为决策者提供不同的战略启示。Hu 等（2011）进一步阐明了设定参考点的三种不同战略类型，认为风险规避型企业可能将行业平均值作为参考点，激进型企业可能将绩效最好的头部企业绩效平均值作为参考点，而渐进型战略企业可能选择令人满意的绩效作为参考点，并随着公司能力的发展不断改变参考点。外资企业子公司的决策者在决定和调整参考点时起着关键作用。此外，由于决策者的风险偏好对组织的风险决策有很大的影响（March，Shapira 1987）。因此，在进一步研究外资企业子公司的后续投资决策时，可以考虑决策者的风险偏好。

跋

撰写本书的过程不仅是对我研究方向的再次深入回顾，更是一次充满挑战的全新探索。尽管本书涉及的相关学术问题一直是我自博士学习阶段开始便持续思考和深入研究的方向，但在探寻如何解答与检验这些学术问题的道路上，我时常感受到自身能力的局限。在精心斟酌每一章节、每一行文字的过程中，我深刻体会到改革开放四十余年来，中国区域营商环境演变路径的复杂、艰难和不确定，这些特性也为本书的研究结论带来了新的思考。因此，本书的完成并非是对该领域学术问题的终结，而是我漫长的学术旅程中一个新的起点。

我衷心感谢所有关注并研究中国区域营商环境变革的学者们，正是他们丰硕的研究成果和卓越的贡献，为我在本书中的研究奠定了坚实的基础，提供了丰富的现实参考素材。同时，我也要感谢本领域内的各位专家和学者，无论是在读博期间，还是在博士毕业后学术职业的发展道路上，他们都给予了我极大的帮助。他们在多个场合和多次国际会议上提出的深刻而独到的见解，为我的研究提供了宝贵的启示和指导。

在本书的撰写过程中，我的学术伙伴、同事和研究生们也给予了我莫大的帮助和支持。他们不仅在专业知识上提供了帮助，还在格式和细节方面给予了我很多支持，使本书得以不断完善和提升。

中国区域营商环境的持续优化与完善，需要与时俱进的研究，更需与新的全球治理结构接轨。因此，对该领域的研究需加深动态追踪的研究范

175

式和方法，为中国不断深化改革开放、提升经济的高质量发展提供适时的专业建议。

此外，我要特别感谢我的家人、挚友和每一位耐心阅读本书的读者。是你们的关注和支持，给予了我十年磨一剑的恒心和不断前进的动力！

最后，衷心感谢中国政法大学及商学院的各位领导和同事，为我的学术职业生涯提供了宝贵的机遇、建议和平台，在此一并致谢。

此跋。

2024 年 4 月
于北京

参考文献

[1] 陈初昇，燕晓娟，衣长军，郭敏敏．国际化速度、营商环境距离与海外子公司生存［J］．世界经济研究，2020（9）：89-103+137．

[2] 付泳．论欠发达地区的企业信用建设［J］．商业时代，2008（3）：110-112．

[3] 高远，刘泉红．营商环境能否影响企业创新［J］．经济与管理，2023：1-13．

[4] 胡少东．区域制度环境与台商投资大陆区位选择［J］．台湾研究集刊，2010，111：64-72．

[5] 胡少东，徐宗玲，李非．区域制度发展对外资企业绩效的影响［J］．经济管理，2011，33（5）：79-87．

[6] 金太军，汪波．经济转型与我国中央—地方关系制度变迁［J］．管理世界，2003（6）：43-51+156．

[7] 雷新途，熊德平．区域制度环境、上市公司聚集与绩效［J］．经济地理，2013，33（1）：41-45．

[8] 李维安，李宝权．跨国公司在华独资倾向成因分析——基于股权结构战略的视角［J］．管理世界，2003（1）：57-62．

[9] 刘永松，王婉楠，全涵煦．外部技术获取、区域制度环境与高技术产业创新质量［J］．云南财经大学学报，2021，37（10）：84-98．

[10] 龙西安．中国市场交易中诚信问题的制度分析［J］．金融与经

济 2003（9）：26-28.

[11] 潘镇，潘持春. 制度、政策与外商直接投资的区位分布——来自中国各地区的经验证据 [J]. 南京师大学报（社会科学版），2004（3）：18-23.

[12] 潘镇，殷华方，鲁明泓. 制度距离对于外资企业绩效的影响——一项基于生存分析的实证研究 [J]. 管理世界，2008（7）：103-115.

[13] 柴江艺，阳立高，冯涛. 我国知识产权保护对外商直接投资的影响研究 [J]. 经济问题探索，2008（1）：89-94.

[14] 邱立成，于李娜. 跨国公司进入中国市场模式及影响因素分析 [J]. 南开经济研究，2003（4）：23-27.

[15] 孙黎，常添惠. 东道国数字经济发展能否促进中国企业对外直接投资——基于微观企业的实证研究 [J]. 国际商务（对外经济贸易大学学报），2023（3）：61-79.

[16] 王根蓓，赵晶，王馨仪. 生产力异质性、市场化进程与在华跨国公司进入模式的选择——基于 ML-Binary Logit 模型的实证分析 [J]. 中国工业经济，2010（12）：127-137.

[17] 吴先明. 跨国公司：自 Hymer 以来的研究轨迹 [J]. 外国经济与管理，2019，41（12）：135-160.

[18] 肖利平，宋一弘. 新时期中国引进外商直接投资需要采取怎样的策略——来自我国内地 210 个地市的经验证据 [J]. 南方金融，2018（8）：23-32.

[19] 姚晋兰. 跨国公司在华供应链与绩效水平的关系研究 [J]. 商业经济研究，2018（4）：120-124.

[20] 姚战琪. 东道国对外资并购的规制研究 [J]. 南开经济研究，2006（4）：47-57.

[21] 殷华方，潘镇，鲁明泓. 它山之石能否攻玉：其他企业经验对外资企业绩效的影响 [J]. 管理世界，2011（4）：69-83.

［22］赵勇，马珍妙．营商环境对企业长期投资决策的影响——基于上市公司的面板数据分析［J］．改革，2023（9）：110-128．

［23］Acemoglu D.，Johnson S.，Robinson J.，Thaicharoen Y. Institutional Causes, Macroeconomic Symptoms: Volatility, Crises and Growth ［J］. J Monetary Econ, 2003, 50（1）: 49-123.

［24］Agarwal S.，Ramaswami S. N. Choice of Foreign Market Entry Mode: Impact of Ownership, Location and Internalization Factors ［J］. Journal of International Business Studies, 1992, 23（1）: 1-27.

［25］Almeida Paul. Knowledge sourcing by foreign multinationals: Patent citation analysis in the U. S. semiconductor industry ［J］. Strategic Management Journal, 1996, 17（Winter Special Issue）: 155-165.

［26］Amin A. An institutionalist perspective on regional economic development ［J］. Int J Urban Regional 1999, 23（2）: 365-378.

［27］Anand A.，Subrahmanyam A. Information and the intermediary: Are market intermediaries informed traders in electronic markets? ［J］. J Financ Quant Anal, 2008, 43（1）: 1-28.

［28］Andersen O. Internationalization and market entry mode: A review of theories and conceptual frameworks ［J］. Management International Review, 1997, 37（Special Issue）: 27-42.

［29］Anderson E.，Gatignon H. Modes of foreign entry: A transaction cost analysis and propositions ［J］. Journal of International Business Studies, 1986, 17（3）: 1-26.

［30］Andersson Ulf, Forsgren Mats, Holm Ulf. The strategic impact of external networks: Subsidiary performance and competence development in the multinational corporation ［J］. Strategic Management Journal, 2002, 23（11）: 979-996.

［31］Audia P. G.，Greve H. R. Less likely to fail: Low performance, firm size, and factory expansion in the shipbuilding industry [J]. Manage Sci, 2006, 52 (1): 83-94.

[32] Audia Pino G., Locke Edwin A., Smith Ken G. The Paradox of Success: An Archival and a Laboratory Study of Strategic Persistence Following Radical Environmental Change [J]. The Academy of Management Journal, 2000, 43 (5): 837-853.

[33] Bai C. E., Du Y. J., Tao Z. G., Tong S. Y. Local protectionism and regional specialization: Evidence from China's industries [J]. J Int Econ, 2004, 63 (2): 397-417.

[34] Barkema Harry G., Vermeulen Freek. International expansion through sart up or acquisition: A learning perspective [J]. Acad Manage J, 1998, 41 (1): 7-26.

[35] Bartlett C. A., Ghoshal S. Managing across Borders-New Organizational Responses [J]. Sloan Management Review, 1987, 29 (1): 43-53.

[36] Baum Joel A. C., Dahlin Kristina B. Aspiration performance and railroads′ patterns of learning from train wrecks and crashes [J]. Organization Science, 2007, 18 (3): 368-385.

[37] Baum Joel A. C., Rowley Timothy J., Shipilov Andrew V., Chuang You-Ta. Dancing with strangers: Aspiration performance and the search for underwriting syndicate partners [J]. Administrative Science Quarterly, 2005, 50 (4): 536-575.

[38] Beamish P. W. The characteristics of joint ventures in developed and developing countries [J]. Columbia Journal of World Business, 1985 (20): 13-20.

[39] Beamish Paul W. Joint venture performance in developing countries [D]. Unpublished Doctoral Dissertation 1984: The University of Western Ontario.

[40] Belderbos René, Zou Jianglei. On the growth of foreign affiliates: Multinational plant networks, joint ventures, and flexibility [J]. Journal of International Business Studies, 2007, 38 (7): 1095-1112.

[41] Belderbos René, Zou Jianglei. Real options and foreign affiliate divestments: A portfolio perspective [J]. Journal of International Business Studies, 2009, 40 (4): 600-620.

[42] Berry Heather. When do firms divest foreign operations? [J]. Organization Science, 2013, 24 (24): 246-261.

[43] Birkinshaw Julian, Hood Neil. An empirical study of development processes in foreign-owned subsidiaries in Canada and Scotland [J]. Management International Review, 1997, 37 (4): 339-364.

[44] Birkinshaw Julian, Hood Neil. Multinational subsidiary evolution: Capability and charter change in foreign-owned subsidiary companies [J]. Academy of Management Review, 1998, 23 (4): 773-795.

[45] Blodgett Linda Longfellow. Partner contributions as predictors of equity share in international joint ventures [J]. Journal of International Business Studies, 1991, 22 (1): 63-78.

[46] Blonigen Bruce A., Tomlin KaSaundra. Size and growth of Japanese plants in the United States [J]. International Journal of Industrial Organization, 2001, 19 (6): 931-952.

[47] Bromiley Philip. Testing a causal model of corporate risk taking and performance [J]. Acad Manage J, 1991, 34 (1): 37-59.

[48] Bromiley Philip, Harris Jared D. A comparison of alternative measures of organizational aspirations [J]. Strategic Management Journal, 2014, 35 (3): 338-357.

[49] Brouthers K. D., Brouthers L. E. Why service and manufacturing entry mode choices differ: The influence of transaction cost factors, risk and trust

[J]. Journal of Management Studies, 2003, 40 (5): 1179-1204.

[50] Brouthers K. D., Brouthers L. E., Werner S. Transaction cost-enhanced entry mode choices and firm performance [J]. Strategic Management Journal, 2003, 24 (12): 1239-1248.

[51] Brouthers K. D., Brouthers L. E., Werner S. Real options, international entry mode choice and performance [J]. Journal of Management Studies, 2008, 45 (5): 936-960.

[52] Brouthers K. D., Nakos G. SME entry mode choice and performance: A transaction cost perspective [J]. Entrepreneurship Theory and Practice, 2004, 28 (3): 229-247.

[53] Brouthers Keith D., Bamossy Gary J. The role of key stakeholders in international joint venture negotiations: Case studies from Eastern Europe [J]. Journal of International Business Studies, 1997, 28 (2): 285-308.

[54] Brouthers Keith D., Brouthers Lance Eliot, Werner Steve. Dunning's eclectic theory and the smaller firm: The impact of ownership and locational advantages on the choice of entry-modes in the computer software industry [J]. Int Bus Rev, 1996, 5 (4): 377-394.

[55] Brouthers L. E., Brouthers K. D., Werner S. Is dunning's eclectic framework descriptive or normative? [J]. Journal of International Business Studies, 1999, 30 (4): 831-844.

[56] Brown James R., Dev C. S., Zhou Z. Broadening the foreign market entry mode decision: Separating ownership and control [J]. Journal of International Business Studies, 2003, 34 (5): 473-488.

[57] Caves R. E. Multinational firms, competition, and productivity in host-country markets [J]. Economica, 1974, 41 (162): 176-193.

[58] Caves Richard E. International corporations: The industrial economics of foreign investment [J]. Economica, 1971, 38 (149): 1-27.

[59] Chadee D. D., Qiu F., Rose E. L. FDI location at the subnational level: A study of EJVs in China [J]. J Bus Res, 2003, 56 (10): 835-845.

[60] Chan Christine M., Isobe Takehiko, Makino Shige. Which country matters? Institutional development and foreign affiliate performance [J]. Strategic Management Journal, 2008, 29 (11): 1179-1205.

[61] Chan Christine M., Makino Shige, Isobe Takehiko. Does subnational region matter? Foreign affiliate performance in the United States and China [J]. Strategic Management Journal, 2010, 31 (11): 1226-1243.

[62] Chang S. J. International expansion strategy of Japanese firms: Capability building through sequential entry [J]. Acad Manage J, 1995, 38 (2): 383-407.

[63] Chang S. J., Xu D. Spillovers and competition among foreign and local firms in China [J]. Strategic Management Journal, 2008, 29 (5): 495-518.

[64] Chen Haiyang, Hu Michael Y. An analysis of determinants of entry mode and its impact on performance [J]. Int Bus Rev, 2002, 11 (2): 193-210.

[65] Chen Yung-Ray, Yang Chyan, Hsu Sue-Ming, Wang Yau-De. Entry mode choice in China's regional distribution markets: Institution vs. transaction costs perspectives [J]. Industrial Marketing Management, 2009, 38 (7): 702-713.

[66] Cheng L. K., Kwan Y. K. What are the determinants of the location of foreign direct investment? The Chinese experience [J]. J Int Econ, 2000, 51 (2): 379-400.

[67] Cheng Lulu, Xie En, Fang Junyi, Mei Nan. Performance feedback and firms' relative strategic emphasis: The moderating effects of board independence and media coverage [J]. Journal of Business Research, 2022, 139:

218-231.

[68] Child J., Tse D. K. China's transition and its implications for international business [J]. Journal of International Business Studies, 2001, 32 (1): 5-21.

[69] Child J., Yan Y. Predicting the performance of international joint ventures: An investigation in China [J]. Journal of Management Studies, 2003, 40 (2): 283-320.

[70] Christmann Petra, Day Diana, Yip George S. The relative influence of country conditions, industry structure, and business strategy on multinational corporation subsidiary performance [J]. Journal of International Management, 1999, 5 (4): 241-265.

[71] Chung Chris Changwha, Lee Seung-hyun, Beamish Paul W., Isobe Takehiko. Subsidiary expansion/contraction during times of economic crisis [J]. Journal of International Business Studies, 2010, 41 (3): 500-516.

[72] Chung W., Alcacer J. Knowledge seeking and location choice of foreign direct investment in the United States [J]. Manage Sci, 2002, 48 (12): 1534-1554.

[73] Connor John M., Mueller Willard F. Market structure and performance of US multinationals in Brazil and Mexico [J]. Journal of Development Studies, 1982, 18 (3): 329-353.

[74] Contractor Farok J. Ownership patterns of U.S. joint ventures abroad and the liberalization of foreign government regulations in the 1980s: Evidence from the benchmark surveys [J]. Journal of International Business Studies, 1990, 21 (1): 55-73.

[75] Cooke Philip, Gomez Uranga Mikel, Etxebarria Goio. Regional innovation systems: Institutional and organisational dimensions [J]. Research Policy, 1997, 26 (4-5): 475-491.

[76] Coughlin C., Segev E. Location determinants of new foreign-owned manufacturing plants [J]. J Regional Sci, 2000, 40 (2): 323-351.

[77] Cui Geng, Liu Qiming. Regional market segments of China: Opportunities and barriers in a big emerging market [J]. Journal of Consumer Marketing, 2000, 17 (1): 55-72.

[78] Cyert R. M., March J. G. A Behavioral Theory of the Firm [M]. Englewood Cliffs, NJ: Prentice-Hall, 1963.

[79] Davidson W. H. The location of foreign direct investment activity: Country characteristics and experience effects [J]. Journal of International Business Studies, 1980, 11 (2): 9-22.

[80] Davis Peter S., Desai Ashay B., Francis John D. Mode of international entry: An isomorphism perspective [J]. Journal of International Business Studies, 2000, 31 (2): 239-258.

[81] Delios A., Henisz W. J. Japanese firms' investment strategies in emerging economies [J]. Acad Manage J, 2000, 43 (3): 305-323.

[82] Delios A., Henisz W. J. Policy uncertainty and the sequence of entry by Japanese firms, 1980-1998 [J]. Journal of International Business Studies, 2003a, 34 (3): 227-241.

[83] Delios A., Henisz W. J. Political hazards, experience, and sequential entry strategies: The international expansion of Japanese firms, 1980-1998 [J]. Strategic Management Journal, 2003b, 24 (11): 1153-1164.

[84] Deng Ziliang, Li Tingting, Liesch Peter W. Performance shortfalls and outward foreign direct investment by MNE subsidiaries: Evidence from China [J]. International Business Review, 2021: 101952.

[85] DiMaggio P. J., Powell W. W. The iron cage revisited: Institutional isomorphism and collective rationality in organizational fields [J]. American Sociological Review, 1983, 48 (2): 147-160.

[86] Dong Meitong, Wang Liwen, Yang Defeng, Zhou Kevin Zheng. Performance feedback and export intensity of Chinese private firms: Moderating roles of institution-related factors [J]. International Business Review, 2021: 101948.

[87] Du J. L., Lu Y., Tao Z. G. Economic institutions and FDI location choice: Evidence from US multinationals in China [J]. J Comp Econ, 2008, 36 (3): 412-429.

[88] Dunning J. H. The eclectic paradigm of international production: A restatement and some possible extensions [J]. Journal of International Business Studies, 1988, 19 (1): 1-31.

[89] Eden L., Miller S. Distance matters: Liability of foreignness, institutional distance and ownership strategy [M] // The Evolving Theory of the Multinational Firm, vol. 16. Amsterdam: Elsevier, 2004.

[90] Erramilli M. K. Nationality and subsidiary ownership patterns in multinational corporations [J]. Journal of International Business Studies, 1996, 27 (2): 225-248.

[91] Fagre N., Wells L. T. Bargaining power of multinationals and host governments [J]. Journal of International Business Studies, 1982, 13 (2): 9-23.

[92] Fang Y. L., Jiang G. L. F., Makino S., Beamish P. W. Multinational firm knowledge, use of expatriates, and foreign subsidiary performance [J]. Journal of Management Studies, 2010, 47 (1): 27-54.

[93] Fang Y. L., Wade M., Delios A., Beamish P. W. International diversification, subsidiary performance, and the mobility of knowledge resources [J]. Strategic Management Journal, 2007, 28 (10): 1053-1064.

[94] Feinberg Susan E., Gupta Anil K. MNC subsidiaries and country risk: Internalization as a safeguard against weak external institutions [J]. Acad

Manage J, 2009, 52 (2): 381-399.

[95] Fiegenbaum Avi, Thomas Howard. Strategic groups as reference groups: Theory, modeling and empirical examination of industry and competitive strategy [J]. Strategic Management Journal, 1995, 16 (6): 461-476.

[96] Fisch Jan Hendrik. Investment in new foreign subsidiaries under receding perception of uncertainty [J]. Journal of International Business Studies, 2008, 39 (3): 370-386.

[97] Franko Lawrence G. Use of minority and 50-50 joint ventures by United States multinationals during the 1970s: The interaction of host country policies and corporate strategies [J]. Journal of International Business Studies, 1989, 20 (1): 19-40.

[98] Fujita M., Hu D. P. Regional disparity in China 1985-1994: The effects of globalization and economic liberalization [J]. Ann Regional Sci, 2001, 35 (1): 3-37.

[99] Gatignon Hubert, Anderson Erin. The multinational corporation's degree of control over foreign subsidiaries: An empirical test of a transaction cost explanation [J]. Journal of Law, Economics, & Organization, 1988, 4 (2): 305-336.

[100] Gaur A. S., Delios A., Singh K. Institutional environments, staffing strategies, and subsidiary performance [J]. J Manage, 2007, 33 (4): 611-636.

[101] Globerman S., Shapiro D. M. The impact of government policies on foreign direct investment: The Canadian experience [J]. Journal of International Business Studies, 1999, 30 (3): 513-532.

[102] Gomes-Casseres B. Firm ownership preferences and host government restrictions: An integrated approach [J]. Journal of International Business Studies, 1990, 21 (1): 1-22.

[103] Gomes-Casseres Benjamin. Ownership structures of foreign subsidiaries: Theory and evidence [J]. Journal of Economic Behavior & Organization, 1989, 11 (1): 1-25.

[104] Gong Yaping. Subsidiary staffing in multinational enterprises: Agency, resources, and performance [J]. Acad Manage J, 2003, 46 (6): 728-739.

[105] Greve Henrich R. Performance, aspirations, and risky organizational change [J]. Admin Sci Quart, 1998, 43 (1): 58-86.

[106] Greve Henrich R. Positional rigidity: Low performance and resource acquisition in large and small firms [J]. Strategic Management Journal, 2011, 32 (1): 103-114.

[107] Grieco Joseph M. Between dependency and autonomy: India's experience with the international computer industry [J]. International Organization, 1982, 36 (3): 609-632.

[108] Grinyer Peter H., Mayes David, McKiernan Peter. The sharpbenders: Achieving a sustained improvement in performance [J]. Long Range Planning, 1990, 23 (1): 116-125.

[109] Guillén Mauro F. Structural inertia, imitation, and foreign expansion: South Korean firms and business groups in China, 1987-95 [J]. Acad Manage J, 2002, 45 (3): 509-525.

[110] Guillén Mauro F. Experience, imitation, and the sequence of foreign entry: Wholly owned and joint-venture manufacturing by South Korean firms and business groups in China, 1987-1995 [J]. Journal of International Business Studies, 2003, 34 (2): 185-198.

[111] Guler Isin, Guillén Mauro F. Home country networks and foreign expansion: Evidence from the venture capital industry [J]. Acad Manage J, 2010, 53 (2): 390-410.

[112] Habib Mohsin, Zurawicki L. Corruption and foreign direct investment [J]. Journal of International Business Studies, 2002, 33 (2): 291-307.

[113] Han Kyuhong, Mittal Vikas, Zhang Yan. Relative Strategic Emphasis and Firm-Idiosyncratic Risk: The Moderating Role of Relative Performance and Demand Instability [J]. Journal of Marketing, 2017, 81 (4): 25-44.

[114] Harrison Jeffrey S., Hitt Michael A., Hoskisson Robert E., Ireland R. Duane. Synergies and post-acquisition performance: Differences versus similarities in resource allocations [J]. J Manage, 1991, 17 (1): 173-190.

[115] He C. F., Wei Y. H. D., Xie X. Z. Globalization, institutional change, and industrial location: Economic transition and industrial concentration in China [J]. Reg Stud, 2008, 42 (7): 923-945.

[116] Henisz W. J. The power of the Buckley and Casson thesis: The ability to manage institutional idiosyncrasies [J]. Journal of International Business Studies, 2003, 34 (2): 173-184.

[117] Henisz W. J., Delios A. Learning about the institutional environment [J]. Adv Strat M, 2002, 19: 339-372.

[118] Henisz Witold J., Delios Andrew. Uncertainty, imitation, and plant location: Japanese multinational corporations, 1990-1996 [J]. Admin Sci Quart, 2001, 46 (3): 443-475.

[119] Hennart J. F. A transaction costs theory of equity joint ventures [J]. Strategic Management Journal, 1988, 9 (4): 361-374.

[120] Hennart J. F. The transaction costs theory of joint ventures: An empirical study of Japanese subsidiaries in the United States [J]. Manage Sci, 1991, 37 (4): 483-497.

[121] Hennart Jean-François, Larimo Jorma. The impact of culture on the strategy of multinational enterprises: Does national origin affect ownership deci-

sions? [J]. Journal of International Business Studies, 1998, 29 (3): 515-538.

[122] Hennart Jean-Francois, Park Young-Ryeol. Location, governance, and strategic determinants of Japanese manufacturing investment in the United States [J]. Strategic Management Journal, 1994, 15 (6): 419-436.

[123] Hill C. W. L., Hwang P., Kim W. C. An eclectic theory of the choice of international entry mode [J]. Strategic Management Journal, 1990, 11 (2): 117-128.

[124] Hoskisson R. E., Eden L., Lau C. M., Wright M. Strategy in emerging economies [J]. Acad Manage J, 2000, 43 (3): 249-267.

[125] Hu Songcui, Blettner Daniela, Bettis Richard A. Adaptive aspirations: performance consequences of risk preferences at extremes and alternative reference groups [J]. Strategic Management Journal, 2011, 32 (13): 1426-1436.

[126] Hymer Stephen Herbert. The International Operations of National Firms: A Study of Direct Foreign Investment [M]. Cambridge, Mass: MIT Press, 1976.

[127] Inkpen Andrew C. Learning through joint ventures: A framework of knowledge acquisition [J]. Journal of Management Studies, 2000, 37 (7): 1019-1044.

[128] Isobe T., Makino S., Montgomery D. B. Resource commitment, entry timing, and market performance of foreign direct investments in emerging economies: The case of Japanese international joint ventures in China [J]. Acad Manage J, 2000, 43 (3): 468-484.

[129] Iyer Dinesh N., Miller Kent D. Performance feedback, slack, and the timing of acquisitions [J]. Acad Manage J, 2008, 51 (4): 808-822.

[130] Jiang Guoliang Frank, Holburn Guy L. F. Organizational perform-

ance feedback effects and international expansion [J]. Journal of Business Research, 2018, 90: 48-58.

[131] Johanson Jan, Vahlne Jan Erik. The internationalization process of the firm: A model of knowledge development and increasing foreign market commitments [J]. Journal of International Business Studies, 1977, 8 (1): 23-32.

[132] Kacperczyk Aleksandra, Beckman Christine M., Moliterno Thomas P. Disentangling risk and change: Internal and external social comparison in the mutual fund industry [J]. Administrative Science Quarterly, 2014, 60 (2): 228-262.

[133] Khanna T., Palepu K. Why focused strategies may be wrong for emerging markets [J]. Harvard Business Review, 1997, 75 (4): 41-51.

[134] Khanna T., Palepu K. The right way to restructure conglomerates in emerging markets [J]. Harvard Business Review, 1999, 77 (4): 125-134.

[135] Khanna T., Palepu K. The future of business groups in emerging markets: Long-run evidence from Chile [J]. Acad Manage J, 2000, 43 (3): 268-285.

[136] Killing J. Peter. Strategies for Joint Venture Success [M]. New York: Praeger, 1983.

[137] Kim Ji-Yub, Finkelstein Sydney, Haleblian Jerayr. All aspirations are not created equal: The differential effects of historical and social aspirations on acquisition behavior [J]. Academy of Management Journal, 2015, 58 (5): 1361-1388.

[138] Kim W. Chan, Hwang Peter. Global strategy and multinationals' entry mode choice [J]. Journal of International Business Studies, 1992, 23 (1): 29-53.

[139] Klein B. Transaction cost determinants of unfair contractual arrange-

ments [J]. American Economic Review, 1980, 70 (2): 356-362.

[140] Klueter Thomas, Monteiro Felipe. How does performance feedback affect boundary spanning in multinational corporations? Insights from technology scouts [J]. Journal of Management Studies, 2017, 54 (4): 483-510.

[141] Kobrin Stephen J. Testing the bargaining hypothesis in the manufacturing sector in developing countries [J]. International Organization, 1987, 41 (4): 609-638.

[142] Kogut B., Singh H. The effect of national culture on the choice of entry mode [J]. Journal of International Business Studies, 1988, 19 (3): 411-432.

[143] Kogut B., Zander U. Knowledge of the firm and the evolutionary theory of the multinational corporation [J]. Journal of International Business Studies, 1993, 24 (4): 625-645.

[144] Kostova T., Roth K., Dacin M. T. Institutional theory in the study of multinational corporations: A critique and new directions [J]. Academy of Management Review, 2008, 33 (4): 994-1006.

[145] Kostova Tatiana, Beugelsdijk Sjoerd, Scott W. Richard, Kunst Vincent E., Chua Chei Hwee, van Essen Marc. The construct of institutional distance through the lens of different institutional perspectives: Review, analysis, and recommendations [J]. Journal of International Business Studies, 2020, 51 (4): 467-497.

[146] Kostova Tatiana, Zaheer Srilata. Organizational legitimacy under conditions of complexity: The case of the multinational enterprise [J]. Academy of Management Review, 1999, 24 (1): 64-81.

[147] Kuusela Pasi, Keil Thomas, Maula Markku. Driven by aspirations, but in what direction? Performance shortfalls, slack resources, and resource-consuming vs. resource-freeing organizational change [J]. Strategic Manage-

ment Journal, 2016, 38 (5): 1101-1120.

[148] Lane P. J., Salk J. E., Lyles M. A. Absorptive capacity, learning, and performance in international joint ventures [J]. Strategic Management Journal, 2001, 22 (12): 1139-1161.

[149] Lecraw D. J. Performance of transnational corporations in less developed countries [J]. Journal of International Business Studies, 1983, 14 (1): 15-33.

[150] Lecraw D. J. Bargaining power, ownership, and profitability of transnational corporations in developing countries [J]. Journal of International Business Studies, 1984, 15 (1): 27-43.

[151] Lee P. K. Local economic protectionism in China's economic reform [J]. Development Policy Review, 1998, 16 (3): 281-303.

[152] Li J. T., Yang J. Y., Yue D. R. Identity community, and audience: How wholly owned foreign subsidiaries gain legitimacy in China [J]. Acad Manage J, 2007, 50 (1): 175-190.

[153] Li Shaomin. Location and performance of foreign firms in China [J]. Management International Review, 2004, 44 (2): 151-169.

[154] Liebeskind J. P. Internal capital markets: Benefits, costs, and organizational arrangements [J]. Organization Science, 2000, 11 (1): 58-76.

[155] Lin Justin Yifu, Liu Zhiqiang. Fiscal decentralization and economic growth in China [J]. Economic Development and Cultural Change, 2000, 49 (1): 1-21.

[156] Lin Wen Ting. How do managers decide on internationalization processes? The role of organizational slack and performance feedback [J]. Journal of World Business, 2014, 49 (3): 396-408.

[157] Liu T., Li K. W. Disparity in factor contributions between coastal and inner provinces in post-reform China [J]. China Economic Review, 2006,

17 (4): 449-470.

[158] Loree D. W., Guisinger S. E. Policy and non-policy determinants of US equity foreign direct investment [J]. Journal of International Business Studies, 1995, 26 (2): 281-299.

[159] Lu Jane W. Intra- and inter-organizational imitative behavior: Institutional influences on Japanese firms' entry mode choice [J]. Journal of International Business Studies, 2002, 33 (1): 19-37.

[160] Lu Jane W., Xu Dean. Growth and survival of international joint ventures: An external-internal legitimacy perspective [J]. J Manage, 2006, 32 (3): 426-448.

[161] Luo Y. Market-seeking MNEs in an emerging market: How parent-subsidiary links shape overseas success [J]. Journal of International Business Studies, 2003, 34 (3): 290-309.

[162] Luo Y. D. Partner selection and venturing success: The case of joint ventures with firms in the People's Republic of China [J]. Organization Science, 1997, 8 (6): 648-662.

[163] Luo Y. D. Determinants of entry in an emerging economy: A multi-level approach [J]. Journal of Management Studies, 2001, 38 (3): 443-472.

[164] Luo Y. D., Peng M. W. Learning to compete in a transition economy: Experience, environment, and performance [J]. Journal of International Business Studies, 1999, 30 (2): 269-295.

[165] Luo Yadong. Capability exploitation and building in a foreign market: Implications for multinational enterprises [J]. Organization Science, 2002, 13 (1): 48-63.

[166] Lv David Diwei, Chen Weihong, Zhu Hang, Lan Hailin. How does inconsistent negative performance feedback affect the R&D investments of

firms? A study of publicly listed firms [J]. Journal of Business Research, 2019, 102: 151-162.

[167] Ma X. F., Delios A. A new tale of two cities: Japanese FDIs in Shanghai and Beijing, 1979-2003 [J]. Int Bus Rev, 2007, 16 (2): 207-228.

[168] Madhok A. Cost, value and foreign market entry mode: The transaction and the firm [J]. Strategic Management Journal, 1997, 18 (1): 39-61.

[169] Makino S., Neupert K. E. National culture, transaction costs, and the choice between joint venture and wholly owned subsidiary [J]. Journal of International Business Studies, 2000, 31 (4): 705-713.

[170] Makino Shige, Beamish Paul. W. Local ownership restrictions, entry mode choice, and FDI performance: Japanese overseas subsidiaries in Asia [J]. Asia Pacific Journal of Management, 1998, 15 (2): 119-136.

[171] Makino Shige, Beamish Paul. Performance and survival of joint ventures with non-conventional ownership structures [J]. Journal of International Business Studies, 1998, 29 (4): 797-818.

[172] Makino Shige, Delios Andrew. Local knowledge transfer and performance: Implications for alliance formation in Asia [J]. Journal of International Business Studies, 1996, 27 (5): 905-927.

[173] Makino Shige, Isobe Takehiko, Chan Christine M. Does country matter? [J]. Strategic Management Journal, 2004, 25 (10): 1027-1043.

[174] March James G., Shapira Zur. Managerial perspectives on risk and risk taking [J]. Manage Sci, 1987, 33 (11): 1404-1418.

[175] Martin Xavier, Anand Swaminathan, Mitchell Will. Organizational evolution in the interorganizational environment: Incentives and constraints on international expansion strategy [J]. Admin Sci Quart, 1998, 43 (3): 566-

601.

[176] Martin Xavier, Salomon R. Knowledge transfer capacity and its implications for the theory of the multinational corporation [J]. Journal of International Business Studies, 2003, 34 (4): 356-373.

[177] McEvily B., Perrone V., Zaheer A. Introduction to the special issue on trust in an organizational context [J]. Organization Science, 2003a, 14 (1): 1-4.

[178] McEvily B., Perrone V., Zaheer A. Trust as an organizing principle [J]. Organization Science, 2003b, 14 (1): 91-103.

[179] McEvily B., Zaheer A. Bridging ties: A source of firm heterogeneity in competitive capabilities [J]. Strategic Management Journal, 1999, 20 (12): 1133-1156.

[180] Meyer K. E. Institutions, transaction costs, and entry mode choice in eastern Europe [J]. Journal of International Business Studies, 2001, 32 (2): 357-367.

[181] Meyer K. E., Nguyen H. V. Foreign investment strategies and subnational institutions in emerging markets: Evidence from Vietnam [J]. Journal of Management Studies, 2005, 42 (1): 63-93.

[182] Miller Danny, Friesen Peter H. Strategy-making and environment: The third link [J]. Strategic Management Journal, 1983, 4 (3): 221-235.

[183] Moliterno Thomas P., Beck Nikolaus, Beckman Christine M., Meyer Mark. Knowing your place: Social performance feedback in good times and bad times [J]. Organization Science, 2014, 25 (6): 1684-1702.

[184] Montinola Gabriella, Qian Yingyi, Weingast Barry R. Federalism, Chinese style: The political basis for economic success in China [J]. World Polit, 1995, 48 (1): 50-81.

[185] Morgan Kevin. The learning region: Institutions, innovation and re-

gional renewal [J]. Reg Stud, 1997, 31 (5): 491-503.

[186] Morosini Piero, Shane Scott, Singh Harbir. National cultural distance and cross-border acquisition performance [J]. Journal of International Business Studies, 1998, 29 (1): 137-158.

[187] Myers S. C., Majluf N. S. Corporate financing and investment decisions when firms have information that investors do not have [J]. Journal of Financial Economics, 1984, 13 (2): 187-221.

[188] Nachum Lilach. Economic geography and the location of TNCs: Financial and professional service FDI to the USA [J]. Journal of International Business Studies, 2000, 31 (3): 367-385.

[189] Nee V. Organizational dynamics of market transition: Hybrid forms, property-rights, and mixed economy in China [J]. Admin Sci Quart, 1992, 37 (1): 1-27.

[190] Nitsch Detlev, Beamish Paul, Makino Shige. Entry mode and performance of Japanese FDI in Western Europe [J]. Management International Review, 1996, 36 (1): 27.

[191] North Douglass C. Institutions, Institutional Change and Economic Performance [M]. Cambridge: Cambridge University Press, 1990.

[192] Ocasio W. C. editor. The enactment of economic adversity: A reconciliation of theories of failure-induced change and threat-rigidity [M]. Greenwich, CT: JAJ Press, 1995.

[193] Oliver C. Strategic responses to institutional processes [J]. Academy of Management Review, 1991, 16 (1): 145-179.

[194] Pan Y. G. Influences on foreign equity ownership level in joint ventures in China [J]. Journal of International Business Studies, 1996, 27 (1): 1-26.

[195] Parsons Talcott. Prolegomena to a theory of social institutions [J].

American Sociological Review, 1990, 55 (3): 319-333.

[196] Peng M. W., Lee S. H., Wang D. Y. L. What determines the scope of the firm over time? A focus on institutional relatedness [J]. Academy of Management Review, 2005, 30 (3): 622-633.

[197] Peng M. W., Luo Y. D. Managerial ties and firm performance in a transition economy: The nature of a micro-macro link [J]. Acad Manage J, 2000, 43 (3): 486-501.

[198] Peng Mike W. Institutional transitions and strategic choices [J]. Academy of Management Review, 2003, 28 (2): 275-286.

[199] Phene Anupama, Almeida Paul. Innovation in multinational subsidiaries: The role of knowledge assimilation and subsidiary capabilities [J]. Journal of International Business Studies, 2008, 39 (5): 901-919.

[200] Pothukuchi Vijay, Damanpour Fariborz, Choi Jaepil, Chen Chao C., Park Seung Ho. National and organizational culture differences and international joint venture performance [J]. Journal of International Business Studies, 2002, 33 (2): 243-265.

[201] Puck J., Holtbrügge D., Mohr A. Beyond entry mode choice: Explaining the conversion of joint ventures into wholly owned subsidiaries in the People's Republic of China [J]. Journal of International Business Studies, 2009, 40 (3): 388-404.

[202] Putnam Robert. The prosperous community [J]. American Prospect, 1993, 4 (13): 35-42.

[203] Ram Mudambi, Pietro Navarra. Political tradition, political risk and foreign direct investment in Italy [J]. Management International Review, 2003, 43 (3): 247-265.

[204] Ref Ohad, Feldman Naomi E., Iyer Dinesh N., Shapira Zur. Entry into new foreign markets: Performance feedback and opportunity costs

[J]. Journal of World Business, 2021, 56 (6): 101258.

[205] Reuer Jeffrey J., Tong Tony W. Real options in international joint ventures [J]. J Manage, 2005, 31 (3): 403-423.

[206] Rivoli Pietra, Salorio Eugene. Foreign direct investment and investment under uncertainty [J]. Journal of International Business Studies, 1996, 27 (2): 335-357.

[207] Rodriguez P., Uhlenbruck K., Eden L. Government corruption and the entry strategies of multinationals [J]. Academy of Management Review, 2005, 30 (2): 383-396.

[208] Roth Kendall, Schweiger David M., Morrison Allen J. Global strategy implementation at the business unit level: Operational capabilities and administrative mechanisms [J]. Journal of International Business Studies, 1991, 22 (3): 369-402.

[209] Rugman Alan M. Inside the Multinationals: The Economies of Internal Market [M]. London: Croom Helm, 1981.

[210] Rugman Alan M., Verbeke Alain. Subsidiary-specific advantages in multinational enterprises [J]. Strategic Management Journal, 2001, 22 (3): 237-250.

[211] Sarkar M. B., Cavusgil S. Tamer, Aulakh Preet S. International expansion of telecommunication carriers: The influence of market structure, network characteristics, and entry imperfections [J]. Journal of International Business Studies, 1999, 30 (2): 361-381.

[212] Schmid David, Morschett Dirk. Decades of research on foreign subsidiary divestment: What do we really know about its antecedents? [J]. International Business Review, 2020, 29 (4): 101653.

[213] Schumacher Christian, Keck Steffen, Tang Wenjie. Biased interpretation of performance feedback: The role of CEO overconfidence [J]. Strate-

gic Management Journal, 2020, 41 (6): 1139-1165.

[214] Shi Weilei, Sun Sunny Li, Peng Mike W. Sub-National Institutional Contingencies, Network Positions, and IJV Partner Selection [J]. Journal of Management Studies, 2012, 49 (7): 1221-1245.

[215] Singh Jitendra V. Performance, slack, and risk taking in organizational decision making [J]. Acad Manage J, 1986, 29 (3): 562-585.

[216] Song Jaeyong. Firm capabilities and technology ladders: sequential foreign direct investments of Japanese electronics firms in East Asia [J]. Strategic Management Journal, 2002, 23 (3): 191-210.

[217] Spencer Jennifer, Gomez Carolina. MNEs and corruption: The impact of national institutions and subsidiary strategy [J]. Strategic Management Journal, 2011, 32 (3): 280-300.

[218] Staw Barry M., Sandelands Lance E., Dutton Jane E. Threat rigidity effects in organizational behavior: A multilevel analysis [J]. Admin Sci Quart, 1981, 26 (4): 501-524.

[219] Storper M. Society, community, and economic development [J]. Stud Comp Int Dev, 2005, 39 (4): 30-57.

[220] Surdu Irina, Greve Henrich R., Benito Gabriel R. G. Back to basics: Behavioral theory and internationalization [J]. Journal of International Business Studies, 2021, 52 (6): 1047-1068.

[221] Tan Danchi. The limits to the growth of multinational firms in a foreign market [J]. Managerial and Decision Economics, 2003, 24 (8): 569-582.

[222] Tan Qun, Sousa Carlos M. P. Performance and business relatedness as drivers of exit decision: A study of MNCs from an emerging country [J]. Global Strategy Journal, 2018, 8 (4): 612-634.

[223] Tihanyi L., Griffith D. A., Russell C. J. The effect of cultural dis-

tance on entry mode choice, international diversification, and MNE performance: A meta-analysis [J]. Journal of International Business Studies, 2005, 36 (3): 270-283.

[224] Tse D. K., Pan Y. G., Au K. Y. How MNCs choose entry modes and form alliances: The China experience [J]. Journal of International Business Studies, 1997, 28 (4): 779-805.

[225] Uhlenbruck Klaus. Developing acquired foreign subsidiaries: The experience of MNEs in transition economies [J]. Journal of International Business Studies, 2004, 35 (2): 109-123.

[226] Uzzi Brian. Social structure and competition in interfirm networks: The paradox of embeddedness [J]. Admin Sci Quart, 1997, 42 (1): 35-67.

[227] Vachani Sushil. Enhancing the obsolescing bargain theory: A longitudinal study of foreign ownership of U. S. and European multinationals [J]. Journal of International Business Studies, 1995, 26 (1): 159-180.

[228] Von Zedtwitz M., Gassmann O. Market versus technology drive in R&D internationalization: Four different patterns of managing research and development [J]. Research Policy, 2002, 31 (4): 569-588.

[229] Walder Andrew G. Local governments as industrial firms: An organizational analysis of China's transitional economy [J]. Am J Sociol, 1995, 101 (2): 263-301.

[230] Wiseman R. M., Bromiley P. Toward a model of risk in declining organizations: An empirical examination of risk, performance and decline [J]. Organization Science, 1996, 7 (5): 524-543.

[231] Woodcock C. P., Beamish P. W., Makino S. Ownership-based entry mode strategies and international performance [J]. Journal of International Business Studies, 1994, 25 (2): 253-273.

[232] Xia J., Tan J., Tan D. Mimetic entry and bandwagon effect: The rise and decline of international equity joint venture in China [J]. Strategic Management Journal, 2008, 29 (2): 195-217.

[233] Xie En, Huang Yuanyuan, Stevens Charles E., Lebedev Sergey. Performance feedback and outward foreign direct investment by emerging economy firms [J]. Journal of World Business, 2019, 54 (6): 101014.

[234] Xu D., Shenkar O. Institutional distance and the multinational enterprise [J]. Academy of Management Review, 2002, 27 (4): 608-618.

[235] Xu Dean, Zhou Kevin Zheng, Du Fei. Deviant versus aspirational risk taking: The effects of performance feedback on bribery expenditure and R&D intensity [J]. Academy of Management Journal, 2019, 62 (4): 1226-1251.

[236] Yan Aimin, Gray Barbara. Bargaining power, management control, and performance in United States–China joint ventures: A comparative case study [J]. Acad Manage J, 1994, 37 (6): 1478-1517.

[237] Yan Aimin, Gray Barbara. Negotiating control and achieving performance in international joint ventures: A conceptual model [J]. Journal of International Management, 2001, 7 (4): 295-315.

[238] Yiu D., Makino S. The choice between joint venture and wholly owned subsidiary: An institutional perspective [J]. Organization Science, 2002, 13 (6): 667-683.

[239] Zaheer A., McEvily B., Perrone V. Does trust matter? Exploring the effects of interorganizational and interpersonal trust on performance [J]. Organization Science, 1998, 9 (2): 141-159.

[240] Zhang Tao, Zou Heng-fu. Fiscal decentralization, public spending, and economic growth in China [J]. Journal of Public Economics, 1998, 67 (2): 221-240.

[241] Zhao H. X. , Luo Y. D. Product diversification, ownership structure, and subsidiary performance in China's dynamic market [J]. Management International Review, 2002, 42 (1): 27-48.

[242] Zhao H. X. , Luo Y. D. , Suh T. Transaction cost determinants and ownership-based entry mode choice: A meta-analytical review [J]. Journal of International Business Studies, 2004, 35 (6): 524-544.

[243] Zhao M. Y. Conducting R&D in countries with weak intellectual property rights protection [J]. Manage Sci, 2006, 52 (8): 1185-1199.

[244] Zhou Changhui, Delios Andrew, Yang Jing Yu. Locational determinants of Japanese foreign direct investment in China [J]. Asia Pacific Journal of Management, 2002, 19 (1): 63-86.